CHRISTIANE LEESKER | VANESSA JANSEN

Just Married

DAS KOCHBUCH FÜR FRISCH VERHEIRATETE

riva

Inhalt

Liebes Brautpaar!

Eine kurze Zeit kommt ihr vielleicht nur mit Luft und Liebe aus, aber auf lange Sicht? Da braucht ihr doch mal was Anständiges in den Magen. Und dafür müsst ihr früher oder später kochen. Ihr seid verliebt, und wenn man den geflügelten Worten Glauben schenken darf, kann es euch jetzt besonders leicht passieren, dass ihr die Suppe versalzt oder den Braten anbrennen lasst. Aber was macht das schon? Liebe macht ja auch blind! Als frisch verheiratetes Ehepaar seid ihr wahrscheinlich willens, alles, was der Partner euch an Essbarem vorsetzt, einfach göttlich zu finden. Deshalb ist gerade jetzt auch der ideale Zeitpunkt, um die eigenen Kochkünste zum Einsatz kommen zu lassen oder mal etwas ganz Besonderes auszuprobieren.

Wir sehen es schon förmlich vor uns, wie ihr euch gegenseitig nach allen Regeln der Kunst bekocht. Oder einer von euch in der Küche zaubert, während der andere bereits genüsslich an einem Glas Wein nippt. Essen werdet ihr natürlich zusammen, denn die wahre Wonne ist ja der geteilte Genuss, die Freude, wenn es dem anderen schmeckt, der Stolz auf das gelungene Mahl. Bei nächster Gelegenheit könnt ihr dann die Rollen tauschen. Und gemeinsames Kochen macht natürlich besonders viel Spaß!

Eine selbst zubereitete Mahlzeit oder ein Snack ist auch eine wunderbare Möglichkeit, um dem anderen ganz deutlich zu zeigen, wie wichtig er einem ist. Wenn eines von euch Turteltäubchen zum Beispiel mal wegfahren muss, gibt das andere ihm vielleicht ein liebevoll zusammengestelltes Lunchpaket mit. Wer dann in das Sandwich beißt, denkt gleich noch viel intensiver an den abwesenden Partner. Und wie sehr freut man sich nach einer Reise, wenn zu Hause nicht nur die entbehrte bessere Hälfte, sondern auch noch ein süßer Willkommensgruß wie etwa ein selbst gebackener Kuchen auf einen wartet!

Dann gibt es auch die Momente im Leben, in denen sich die Nahrungsaufnahme in eine beinahe lebens- oder beziehungserhaltende Maßnahme verwandelt. Nämlich dann, wenn es einem von euch so richtig mies geht.

Vielleicht, weil eine Grippe im Anflug ist, weil der Chef euch schlecht behandelt hat oder ihr am Abend vorher zu fest gefeiert habt. Wie schön, wenn dann der andere für einen da ist, Tee kocht, einen Milchreis zubereitet oder leckere Schoko-Brownies backt!

Oder es kommt hart auf hart, und einer von euch ist richtig sauer auf den anderen. Was bricht da schneller das Eis als ein mit Liebe zubereitetes Leibgericht? Auf dieser Basis rücken die Friedensverhandlungen doch in greifbare Nähe!

Für alle diese Fälle geben wir euch in unserem Buch leckere Ideen an die Hand. Ob Trostpflaster, Verwöhnrezept oder eine gemeinsame Schlemmerei, wir haben allerlei Rezepte für ganz unterschiedliche Gelegenheiten für euch zusammengestellt. So findet ihr immer die passende Anregung.

Damit der kulinarische Liebesbeweis funktionieren kann, müsst ihr natürlich sicher sein, dass ihr auch das richtige Rezept ausgesucht habt. Denn wie blöd wäre es, wenn ihr einen tröstlichen Milchreis kocht, ohne zu wissen, dass der andere Milchreis schon als Kind von ganzem Herzen gehasst hat. Deshalb haben wir auf den nächsten Seiten Fragebögen vorbereitet, die ihr erst einmal ausfüllen könnt, bevor ihr den Kochlöffel schwingt.

Und dann kann es losgehen, denn Liebe geht ja schließlich durch den Magen, das weiß doch jeder!

Viel Spaß beim Kochen, Verwöhnen und Genießen wünschen

Christiane Leesker und Vanessa Jansen

PS: Wäre es nicht eine nette Geste, nach der Hochzeit die Trauzeugen und/oder die Eltern zu einem leckeren Essen einzuladen? Auch dafür eignen sich alle hier vorgestellten Gerichte hervorragend. Ihr müsst einfach nur die Zutaten auf die bewirtete Personenzahl hochrechnen.

Fragebogen für

Mein absolutes Lieblingsgericht ist: ______________________________

Mein Lieblingsessen aus der Kindheit ist: ______________________________

Zum Geburtstag freue ich mich über dieses Gericht/Gebäck: ______________________________

Ich kann nicht ausstehen (z. B. Muscheln): ______________________________

Wirklich lecker finde ich (z. B. Marzipan): ______________________________

Mein Lieblingskuchen ist: ______________________________

Mein Lieblingsnachtisch ist: ______________________________

Mein Lieblingswein/Lieblingsbier ist: ______________________________

Meine Lieblingspizza ist: ______________________________

Meine Lieblingspasta ist: ______________________________

Ich esse nicht/bin leider allergisch gegen: ______________________________

O Ich esse vegetarisch

O Ich esse vegan

Wenn ich traurig bin, tröstet mich am ehesten: ______________________________
(z. B. heißer Kakao, Vanillepudding)

Wenn ich mich krank fühle, tut mir gut: ______________________________
(z. B. Kamillentee, Salzstangen)

Ich mag besonders gerne:

O leichte Gerichte

O herzhafte Gerichte

O süße Gerichte

Meine Lieblingsmahlzeit am Tag ist:

O das Frühstück

O das Mittagessen

O das Kaffeetrinken

O das Abendessen

Mein Frühstücksei esse ich gerne:

O weich (3 Minuten)

O mittel (6 Minuten)

O hart (8 Minuten)

Mein Steak esse ich gerne:

O rare

O medium

O well done

Meine Lieblingsküche ist: ______________________________
(z. B. französisch, italienisch, vietnamesisch)

Mein Lieblingsrestaurant ist: ______________________________
(falls du mich verwöhnen möchtest, aber keine Zeit zum Kochen ist)

Wenn euch das Buch zu schade ist, um hineinzuschreiben, macht eine Kopie von diesen Seiten, füllt sie aus und legt sie hinten ins Buch.

Fragebogen für

Mein absolutes Lieblingsgericht ist: ______________________________

Mein Lieblingsessen aus der Kindheit ist: ______________________________

Zum Geburtstag freue ich mich über dieses Gericht/Gebäck: ______________________________

Ich kann nicht ausstehen (z. B. Muscheln): ______________________________

Wirklich lecker finde ich (z. B. Marzipan): ______________________________

Mein Lieblingskuchen ist: ______________________________

Mein Lieblingsnachtisch ist: ______________________________

Mein Lieblingswein/Lieblingsbier ist: ______________________________

Meine Lieblingspizza ist: ______________________________

Meine Lieblingspasta ist: ______________________________

Ich esse nicht/bin leider allergisch gegen: ______________________________

O Ich esse vegetarisch

O Ich esse vegan

Wenn ich traurig bin, tröstet mich am ehesten: ______________________________
(z. B. heißer Kakao, Vanillepudding)

Wenn ich mich krank fühle, tut mir gut: ______________________________
(z. B. Kamillentee, Salzstangen)

Ich mag besonders gerne:

O leichte Gerichte

O herzhafte Gerichte

O süße Gerichte

Meine Lieblingsmahlzeit am Tag ist:

O das Frühstück

O das Mittagessen

O das Kaffeetrinken

O das Abendessen

Mein Frühstücksei esse ich gerne:

O weich (3 Minuten)

O mittel (6 Minuten)

O hart (8 Minuten)

Mein Steak esse ich gerne:

O rare

O medium

O well done

Meine Lieblingsküche ist: ____
(z. B. französisch, italienisch, vietnamesisch)

Mein Lieblingsrestaurant ist: ______________________________________
(falls du mich verwöhnen möchtest, aber keine Zeit zum Kochen ist)

Wenn euch das Buch zu schade ist, um hineinzuschreiben, macht eine Kopie von diesen Seiten, füllt sie aus und legt sie hinten ins Buch.

Verwöhnmenüs

Du möchtest deiner besseren Hälfte etwas Gutes tun und ein bisschen Eindruck schinden? Mit einem Erlebnis für die Sinne möchtest du verzaubern, mit verblüffenden Geschmackskombinationen überraschen, die Augen mit Farben und Formen erfreuen? Eine leicht aphrodisierende Wirkung kann vielleicht nicht schaden? Die folgenden Menüs vereinen all diese Möglichkeiten. Sie lassen sich gut vorbereiten – das ist wichtig, schließlich wollt ihr ja auch noch was vom Abend haben! – und machen Lust auf mehr.

Das 1001-Nacht-Menü

*

Das Frühlingskribbel-Menü

*

Das Latin-Love-Menü

Das 1001-Nacht-Menü

Dieses orientalisch angehauchte Menü passt gut in den Winter. Die vielen verschiedenen Gewürze verwöhnen Gaumen und Nase und laden zum Schwelgen ein. Zu Suppe und Hauptspeise schmeckt Fladenbrot mit Sesam als Begleiter, als Getränk passt ein schöner, nicht zu leichter Rotwein. Zum Abschluss darf ein türkischer Mokka, für den man Kaffee mit Wasser in einem Töpfchen kurz aufwallen lässt und dann mit reichlich Zucker in winzigen Tässchen reicht, nicht fehlen.

Orientalische Linsensuppe mit Orange

*

Lamm-Tajine mit Pflaumen

*

Zimt-Parfait mit Datteln, Pistazien und Aprikosen

Orientalische Linsensuppe mit Orange

Samtig und sinnlich

Für 2–3 Portionen

1 Zwiebel
2 Knoblauchzehen
1 Möhre
1 Handvoll Minzeblätter
2 Tomaten
125 g rote Linsen
1 EL Olivenöl
2 TL Tomatenmark
Salz
½ TL edelsüßes Paprikapulver
¼ TL schwarzer gemahlener Pfeffer
½ TL Ras el-Hanout (marokkanische Gewürzmischung)
¼ TL Chiliflocken
600 ml Gemüsebrühe
½ Zitrone, 1 Orange
100 g griechischer oder türkischer Joghurt
Korianderblätter zum Garnieren

Außerdem:
Stabmixer

Die Zwiebel und den Knoblauch schälen und fein hacken. Die Möhre schälen, putzen und würfeln. Die Minze abbrausen und trocken schütteln, die Blättchen klein schneiden. Die Tomaten waschen, vierteln, vom Stielansatz befreien und würfeln. Linsen in ein Sieb geben, abbrausen und abtropfen lassen.

Das Olivenöl in einem Topf erhitzen, Zwiebel und Knoblauch darin anschwitzen. Möhre, Tomaten, Tomatenmark und die Minze zugeben, mit Salz, Paprikapulver, Pfeffer, Ras el-Hanout und Chiliflocken würzen. Alles 5 Minuten unter Rühren andünsten.

Die abgetropften Linsen und die Gemüsebrühe in den Topf geben. Die Suppe 15–20 Minuten garen, bis die Linsen weich sind, dann mit einem Stabmixer pürieren.

Zitrone und Orange auspressen und den Saft unterrühren.

Die Suppe in Schalen füllen und mit einem Klecks Joghurt in der Mitte und mit Korianderblättchen garniert servieren.

Lamm-Tajine mit Pflaumen

Genießen wie im Morgenland

Für 2–3 Portionen

750 g Lammschulter, entbeint
250 g Zwiebeln
2 Knoblauchzehen
Olivenöl zum Braten
Salz, Pfeffer aus der Mühle
½ TL Zimt
½ TL gemahlener Ingwer
1 Döschen Safran (0,1 g)
1 TL gemahlener Koriander
200 ml Wasser
250 g Trockenpflaumen
200 ml heißer Schwarztee
100 g geschälte ganze Mandeln
2 EL flüssiger Honig
Granatapfelkerne zum Garnieren

Das Lammfleisch von Sehnen und Häutchen befreien und grob würfeln. Die Zwiebeln schälen und vierteln. Den Knoblauch schälen und klein schneiden.
Olivenöl in einem Bräter erhitzen. Die Zwiebeln darin goldbraun anschwitzen, herausnehmen und beiseitestellen. Das Lammfleisch im verbliebenen Öl rundum kräftig anbraten, dann salzen und pfeffern. Knoblauch und Gewürze zugeben und kurz mit anschwitzen. Die Zwiebeln wieder in den Topf geben. Das Wasser angießen und alles 30 Minuten zugedeckt schmoren lassen.
Inzwischen die Pflaumen in einer Schüssel im heißen Tee einweichen lassen. Die Mandeln in einer Pfanne ohne Fett goldbraun rösten.
Die Lamm-Tajine nach der Garzeit kräftig umrühren und weitere 10 Minuten ohne Deckel köcheln lassen. Die Pflaumen in einem Sieb abtropfen lassen und dazugeben. Den Honig vorsichtig unterrühren und das Gericht mit den Gewürzen abschmecken.
Die fertige Tajine mit Mandeln und Granatapfelkernen bestreut servieren. Dazu passt Couscous. Wer mag, kann das Couscous mit Rosinen zubereiten.

Safran

Safran wirkt anregend und berauschend. In der Antike wurde diesen Blütennarben einer Krokusart eine erotisierende Wirkung zugesprochen. Man badete in safrangefärbtem Wasser, dem man eine stimulierende Wirkung zuschrieb. Safran ist wertvoller als Gold und somit das teuerste Gewürz der Welt.

Zimt-Parfait mit Datteln, Pistazien und Aprikosen

Scheherazades Traum

Für 4 Portionen

25 g geschälte Pistazien
50 g Walnusskerne
50 g Mandeln
50 g Vollmilchschokolade
3 getrocknete Aprikosen
2 getrocknete Feigen
3 getrocknete Datteln (ohne Kern)
2 frische Eigelb
3 EL Zucker
½ Päckchen Vanillezucker
½ TL orientalisches 7-Gewürze-Pulver (ersatzweise Lebkuchengewürz)
250 ml Sahne
Orangenscheiben und Kapstachelbeeren (Physalis) zum Garnieren

Da das Parfait über Nacht kühlen muss, entsprechend Zeit zur Vorbereitung einplanen. Am Vortag Pistazien, Walnüsse und Mandeln grob hacken und in einer Pfanne ohne Fett rösten, bis sie duften. Herausnehmen und abkühlen lassen. Die Schokolade fein hacken. Aprikosen, Feigen und Datteln fein würfeln.

Eigelbe, Zucker und Vanillezucker in einer Schüssel mit dem Handrührgerät so lange rühren, bis eine dicke, cremige Masse entstanden ist. 7-Gewürze-Pulver, geröstete Kerne und getrocknete Früchte unterrühren. Die Sahne in einer Schüssel steif schlagen und unter die Masse heben.

Die Mischung in eine ausreichend große, mit Klarsichtfolie ausgelegte Frischhaltebox füllen. Die Folie über der Masse zusammenschlagen und die Dose verschließen. Das Parfait über Nacht ins Gefrierfach stellen.

Am nächsten Tag das Parfait mit der Folie aus der Form heben und etwas antauen lassen. Dann die Folie entfernen, das Parfait in Scheiben oder Stücke schneiden und mit halbierten Orangenscheiben und Kapstachelbeeren garniert servieren.

Zimt

Zimt ist ein sehr vielseitiges Gewürz, es aromatisiert Getränke, Desserts und sogar herzhafte Gerichte. Frauen wirken angeblich verführerischer und ergreifen in der Liebe eher die Initiative, wenn sie Zimt genossen haben.

Das Frühlingskribbel-Menü

Dieses Menü bietet einiges an Spannung und Überraschung für Auge und Gaumen. Wie lecker schmeckt die erstaunliche Kombination von Spargelsuppe und Forelle! Was verbirgt sich in dem duftenden und dampfenden »Bonbon«, das auf dem Teller liegt? Erdbeeren als süße Frühlingsboten dürfen zum Abschluss natürlich nicht fehlen. Als Getränk passt zum Beispiel ein frischer Weißwein, vorneweg gibt es vielleicht ein Gläschen prickelnden Sekt.

Spargelsüppchen mit Forellenwürfeln

*

Hähnchenbrust-Überraschungspaket

*

Pannacotta mit Erdbeeren

Spargelsüppchen mit Forellenwürfeln

Vermählung von Land und Meer

Für 2 Portionen

5 Stangen weißer Spargel
½ Zwiebel
500 ml Wasser
1 TL Zucker
15 g Salz
1–2 EL Zitronensaft
125 g Butter
2 EL Mehl
100 ml Weißwein (Riesling)
200 ml Sahne
1 kleines Lorbeerblatt
1 kleine, getrocknete Chilischote
75 g geräuchertes Forellenfilet

Den Spargel waschen, schälen und die Enden abschneiden, Schalen und Enden beiseitestellen. Die Stangen halbieren. Die Zwiebel schälen und in sehr feine Würfel schneiden.
In einem Topf Wasser mit Zucker, Salz, 1 EL Zitronensaft und 50 g Butter zum Kochen bringen. Den Spargel darin in 15–20 Minuten sanft köchelnd bissfest garen. Mit dem Schaumlöffel herausheben und schräg in Stücke schneiden. Die Kochflüssigkeit zur Seite stellen.
Die restliche Butter in einem zweiten Topf zerlassen. Spargelabschnitte und -schalen zusammen mit den Zwiebelwürfeln darin bei geringer Hitze glasig anschwitzen. Mit dem Mehl bestäuben und unter Rühren mit dem Weißwein ablöschen. Die Kochflüssigkeit und die Sahne angießen. Lorbeerblatt und Chili zugeben. Die Suppe einmal aufkochen lassen und mit Salz, Zucker und Zitronensaft abschmecken. Die Spargelsuppe durch ein feines Haarsieb passieren und erneut aufkochen lassen.
Das Forellenfilet in kleine Würfel schneiden. Forellenwürfel und Spargelstücke auf 2 Suppenteller verteilen. Mit der heißen Suppe auffüllen und sofort servieren.

Hähnchenbrust-Überraschungspaket

Das Aromapäckchen

Für 2 Portionen

250 g kleine neue Kartoffeln
150 g kleine braune Champignons
1 Knoblauchzehe
1 Frühlingszwiebel
6 Kirschtomaten
300 g Hähnchenbrustfilet
2 EL Olivenöl
Salz, Pfeffer aus der Mühle
1 EL gehackte glatte Petersilie
2 Stängel Thymian
2 kleine Lorbeerblätter
4 EL trockener Weißwein
6 EL extra natives Olivenöl

Außerdem:
Küchengarn

Kartoffeln unter fließendem Wasser abbürsten und mit der Schale in kochendem Wasser in 15 Minuten bissfest garen. Abgießen und nach Belieben pellen.
Die Pilze mit Küchenpapier säubern, putzen und evtl. kleiner schneiden. Knoblauch schälen und fein hacken. Die Frühlingszwiebel putzen, waschen, in feine Ringe schneiden, mit kochendem Wasser übergießen und auf einem Sieb abtropfen lassen. Tomaten waschen und abtropfen lassen. Hähnchenbrust waschen, trocken tupfen und in 8 Scheiben schneiden. Öl in einer Pfanne stark erhitzen, die Pilze mit dem Knoblauch darin 4–5 Minuten braten, bis evtl. austretende Flüssigkeit verdampft ist. Mit Salz, Pfeffer und Petersilie würzen. Den Backofen auf 200 °C Ober-/Unterhitze (Umluft 180 °C) vorheizen. 4 Stück Backpapier auf ca. 35 x 45 cm zurechtschneiden. Jeweils 2 Papiere übereinanderlegen. In der Mitte jeweils die Hälfte Kartoffeln, Hähnchen, Frühlingszwiebel, Tomaten, Pilze, Thymian und Lorbeer anrichten. Salzen, pfeffern und mit je 2 EL Weißwein und 3 EL Olivenöl beträufeln. Das Backpapier über den Zutaten zusammennehmen, zweimal umfalten und die offenen Enden fest mit Küchengarn umwickeln, sodass ein »Bonbon« entsteht. Die Päckchen nebeneinander auf ein Backblech legen und im Ofen 20–25 Minuten garen.
Päckchen aus dem Ofen nehmen, auf Teller setzen und servieren. So kann jeder selbst sein Päckchen öffnen und sich von der entweichenden Aromawolke einhüllen lassen. Beim Garen hat sich ein wunderbar würziger Saft entwickelt, den man am besten mit den Kartoffeln auftunkt.

Pannacotta mit Erdbeeren

Wonne von Wolke sieben …

Für 2–3 Portionen

½ Vanilleschote
250 ml Sahne
4 EL Zucker
1 Blatt weiße Gelatine
250 g frische süße Erdbeeren

Die halbe Vanilleschote aufschlitzen und das Mark herauskratzen. Schote und Mark mit der Sahne und der Hälfte des Zuckers in einem Topf aufkochen und dann 15 Minuten köcheln lassen. Inzwischen die Gelatine in einer Schüssel mit kaltem Wasser einweichen.
Die Vanillesahne vom Herd nehmen, die Schote entfernen und die ausgedrückte Gelatine unter Rühren in der Flüssigkeit auflösen. Die Mischung in passende Förmchen gießen, abkühlen lassen und zum Festwerden für ca. 6 Stunden abgedeckt in den Kühlschrank stellen.
Die Erdbeeren putzen, waschen, klein schneiden und in einer Schüssel mit dem restlichen Zucker verrühren. Ca. 1 Stunde bei Raumtemperatur abgedeckt stehen lassen, damit sie Saft ziehen. Zum Servieren die Pannacotta auf Dessertteller stürzen (dafür evtl. die Förmchen kurz in heißes Wasser tauchen) und die Erdbeeren daneben anrichten.

Tipp

Pannacotta ist Italienisch und bedeutet schlicht und einfach »gekochte Sahne«. Wer mag, kann das Dessert noch mit Minzeblättchen garnieren.

Vanille

Die Vanilleschote ist die Frucht einer Orchideenart. Man sagt ihr eine beglückende, liebesluststeigernde Wirkung nach. Sie löst außerdem bei den meisten Menschen ein wohliges Gefühl von Geborgenheit aus.

Das Latin-Love-Menü

Sommerliche italienische Gerichte verbreiten jede Menge Urlaubsfeeling. Am besten schmecken sie, wenn ihr sie im Schein von flackernden Windlichtern auf dem Balkon oder auf der Terrasse genießt. Ein Prosecco vorneweg und ein Espresso hinterher – da glauben wir doch Grillenzirpen und Wellenrauschen zu vernehmen, während bei Capri die rote Sonne im Meer versinkt …

Tomaten-Crostini

*

Zitronenpasta mit Riesengarnelen

*

In Honig gebratene Aprikosen mit Thymian

Tomaten-Crostini

Tomate = Liebesapfel!

Für 4 Crostini

200 g reife Tomaten
1 Handvoll frische Basilikumblätter
2 Stängel Thymian
2 EL extra natives Olivenöl
Salz, Pfeffer aus der Mühle
4 Scheiben Baguette oder Ciabatta
1 Knoblauchzehe

Die Tomaten waschen, vom Stielansatz befreien, klein würfeln und in eine Schüssel geben. Basilikum und Thymian abbrausen und mit Küchenpapier trocken tupfen. Die Basilikumblätter in Streifen schneiden. Die Thymianblätter von den Stängeln streifen. Beides zu den Tomaten geben. Mit dem Olivenöl beträufeln, salzen und pfeffern. Alles vorsichtig miteinander vermischen.
Die Brotscheiben toasten oder unter dem Grill des Backofens rösten. Die Knoblauchzehe schälen, halbieren und das geröstete Brot damit einreiben. Die Tomatenwürfel darauf verteilen und je 2 Crostini auf einen Teller legen. Sofort servieren.

Basilikum

Dem Basilikum haften viele Mythen an. In früheren Zeiten wurde es in Pulverform untreuen Ehegatten im Schlaf über den Körper gestreut, das sollte sie auf den Pfad der Tugend zurückführen. Das wohlschmeckende und stark duftende Kraut wird heute noch in den südlichen Ländern zur Steigerung der Sinnlichkeit benutzt.

Zitronenpasta mit Riesengarnelen

Sonne im Bauch

Für 2 Portionen

250 g Pasta (z. B. Spaghetti, Linguine, Tagliatelle)
Salz
250 g Riesengarnelen (frisch oder TK)
2 EL Pinienkerne
1 Bio-Zitrone
1 Knoblauchzehe
4 EL extra natives Olivenöl
50 ml Gemüsebrühe
Pfeffer aus der Mühle
einige Basilikumblätter

Die Pasta in einem Topf mit kochendem Salzwasser nach Packungsanweisung bissfest garen.
Währenddessen die Garnelen ggf. auftauen lassen. Die Pinienkerne in einer Pfanne ohne Fett goldbraun rösten. Die Zitrone heiß abwaschen und die Schale dünn abreiben (ohne das Weiße mitzureiben). Die Frucht auspressen und 3 EL Saft abmessen. Die Knoblauchzehe schälen und fein hacken.
Die Hälfte der abgeriebenen Zitronenschale in einer kleinen Schüssel mit 1 TL Salz vermischen. Die andere Hälfte in einer zweiten Schüssel mit dem Knoblauch, dem abgemessenen Zitronensaft, 2 EL Olivenöl und der Gemüsebrühe verrühren, salzen und pfeffern. Basilikumblätter abbrausen, mit Küchenpapier trocken tupfen und in Streifen schneiden.
Das verbliebene Öl in einer Pfanne erhitzen und die Garnelen darin 2–3 Minuten braten, dann mit dem vorbereiteten Zitronensalz bestreuen. Die Nudeln durch ein Sieb abgießen und mit der Zitronen-Öl-Brühe vermischen. Die Pasta auf vorgewärmten Tellern anrichten und Garnelen, Pinienkerne und Basilikum obenauf verteilen.

Knoblauch

Bevor man in Rom Legionäre in die Schlacht schickte, bekamen sie Knoblauch zu essen. Er wirkt verjüngend, kräftigend, antibiotisch, antiseptisch, zellaktivierend und entschlackend. Im alten Ägypten wurde Knoblauch als Wundermittel mit erregender Wirkung gepriesen. Der Saft soll auch als Liebestrank verwendbar sein.

In Honig gebratene Aprikosen mit Thymian

Betörender Duft, sinnlicher Genuss

Für 2 Portionen

6 reife, saftige Aprikosen
2 EL Olivenöl
3 EL Akazienhonig
4 Stängel Thymian
2 EL Pinienkerne
100 g Mascarpone

Die Aprikosen waschen, halbieren und entsteinen. Olivenöl und Honig bei geringer Hitze in einer kleinen Pfanne erwärmen. Die Aprikosenhälften mit der Schnittfläche nach unten hineinlegen. Thymian waschen, trocken schütteln und in die Pfanne geben. Die Früchte in der Mischung braten, bis sie leicht gebräunt sind.
Die Pinienkerne in einer weiteren Pfanne ohne Fett goldbraun rösten.
Den Mascarpone glatt rühren und auf 2 Teller verteilen, die Aprikosen samt Honigsud dazugeben, dabei die Thymianzweige entfernen. Mit den Pinienkernen bestreut servieren.

Aprikosen

Aprikosen stärken das Immunsystem, kurbeln den Kreislauf an und sorgen für einen rosigen Teint.

Frühstück im Bett

Es ist Sonntagmorgen, die Sonne kitzelt euch wach, unter der Bettdecke ist es kuschelig warm, ihr könntet den ganzen Tag hier verbringen … aber irgendwann meldet sich dann doch der kleine Hunger. Also raus aus den Federn. Zumindest einer. Ihr könntet losen. Oder Schnick, Schnack, Schnuck spielen. Oder ihr geht beide in die Küche, bereitet euch ein wundervolles Frühstück zu und verschwindet damit später wieder unter der Decke! Der Duft von Kaffee und frisch Gebackenem liegt in der Luft und verheißt herrliche Genüsse – so lässt sich der Sonntag wundervoll beginnen!

Hefezopf

Fluffig-duftiges Paradestück

Für 1 Zopf

Für den Teig:
150 ml Milch
½ Würfel frische Hefe
4–6 EL Zucker
350 g Mehl Type 550
1 gute Prise Salz
1 Ei
2 EL zimmerwarme Butter oder Margarine

Außerdem:
Mehl für die Arbeitsfläche
1 Ei zum Bestreichen
Hagelzucker zum Bestreuen

Die Milch in einen Topf gießen und bei milder Hitze lauwarm erwärmen. Dann die zerbröckelte Hefe und den Zucker dazugeben und alles gut verrühren.
Mehl, Salz und 1 Ei mit dem Hefegemisch in eine Schüssel geben und den Teig mit dem Handrührgerät kneten, bis sich ein Kloß bildet. Butter oder Margarine zufügen und weitere 8–10 Minuten kneten, bis ein weicher, glatter Teig entstanden ist. Abgedeckt 30 Minuten gehen lassen.
Den Teig noch einmal mit der Hand durchkneten und dann dritteln. Jedes Drittel auf der bemehlten Arbeitsfläche zu einem Strang formen und aus den 3 Strängen einen Zopf flechten. Den Zopf auf ein mit Backpapier ausgelegtes Backblech legen, mit einem sauberen Küchentuch abdecken und nochmals 20–25 Minuten gehen lassen.
Den Backofen auf 180 °C Ober-/Unterhitze (Umluft 160 °C) vorheizen.
Den Hefezopf mit dem verquirlten Ei bestreichen, mit Hagelzucker bestreuen und im vorgeheizten Backofen ca. 20 Minuten backen, bis er goldbraun ist. Herausnehmen, abkühlen lassen und servieren.

Tipp

Da grundsätzlich Hefegebäck am besten ganz frisch schmeckt, entweder am Vorabend vor dem Schlafengehen backen oder den fertigen Zopf über Nacht im Kühlschrank gehen lassen und am nächsten Morgen in den Ofen schieben.

Schwedische Zimtschnecken

Warm genießen!

Für 1 Blech

Für den Hefeteig:
200 ml Milch
30 g frische Hefe
500 g Mehl Type 550
85 g Zucker
75 g weiche Butter
1 Ei
1 Vanilleschote
1 TL Zimt
1 Prise Salz

Für die Füllung:
100 g brauner Zucker
2–3 TL Zimt
1 TL gemahlener Kardamom
1 Vanilleschote
100 g Butter

Außerdem:
Mehl für die Arbeitsfläche
1 Eigelb und 1 EL Milch zum Bestreichen
Hagelzucker zum Bestreuen

Für den Teig die Milch in einen Topf gießen und bei milder Hitze lauwarm erwärmen. Die zerbröckelte Hefe in der warmen Milch auflösen und 10 Minuten abgedeckt stehen lassen, bis sich Bläschen bilden. Das Mehl in eine Rührschüssel geben, eine Mulde hineindrücken und die Hefemilch hineingießen. Zucker, Butter und Ei zugeben. Das Mark der Vanilleschote herauskratzen und mit Zimt und Salz zugeben. Alles mischen und auf bemehlter Arbeitsfläche so lange kneten, bis ein glatter, seidiger Teig entstanden ist. Diesen abgedeckt an einem warmen Ort 1–2 Stunden gehen lassen.
Inzwischen für die Füllung in einer Schüssel Zucker, Zimt, Kardamom und das ausgekratzte Mark der Vanilleschote vermischen. Die Butter schmelzen. Den Backofen auf 190 °C Ober-/Unterhitze (Umluft 170 °C) vorheizen.
Den Teig noch einmal durchkneten und auf bemehlter Arbeitsfläche zu einem ca. 5 mm dicken Rechteck ausrollen. Mit der geschmolzenen Butter bestreichen und die Zucker-Gewürz-Mischung darauf verteilen. Die Teigplatte von der Längsseite her aufrollen und in 2 cm dicke Scheiben schneiden.
Die Schnecken auf einem mit Backpapier ausgelegten Backblech verteilen. Eigelb mit Milch verquirlen, die Schnecken damit bestreichen und mit Hagelzucker bestreuen. Schnecken im vorgeheizten Backofen in 10–12 Minuten goldbraun backen. Herausnehmen und ofenwarm genießen.

Tipp

Zimtschnecken schmecken auch am nächsten Tag noch lecker, sollten aber vor dem Servieren kurz erhitzt werden (z. B. im Toaster oder für 20–30 Sekunden in der Mikrowelle).

Süßes Orangengelee

Passt gut zum Hefezopf!

Für 2 Schraubgläser à 380 ml

3–4 Bio-Orangen
300 g Gelierzucker 1:1

Außerdem:
1 Zestenreißer

Die Schraubgläser und die passenden Deckel mit kochendem Wasser ausspülen und zum Abtropfen auf ein sauberes Küchentuch stellen. Die Innenflächen und Ränder dabei nicht berühren.
Die Orangen heiß abwaschen. Von jeder Frucht rundum einige Zesten abschälen und beiseitestellen. Die Orangen auspressen und 300 ml Saft abmessen. Den Orangensaft mit dem Gelierzucker und den Zesten in einem großen Topf gut verrühren. Die Mischung erhitzen und 4 Minuten sprudelnd kochen lassen. Dabei ständig umrühren.
Das Gelee kochend heiß in die vorbereiteten Gläser füllen. Diese fest verschließen und einige Minuten auf den Kopf stellen. Dann wieder umdrehen und vollständig abkühlen lassen. Das Gelee hält sich an einem dunklen Ort mindestens 6 Monate.

Tipp

Beim Einfüllen des Gelees aufpassen, dass der Glasrand sauber bleibt! Am besten mit einem Messbecher mit Schütte arbeiten, mit dem man besser zielen kann als mit einer Kelle.

Obstsalat mit Honig

Weckt Langschläfer

Für 2 Portionen

1 Banane
1 Orange
1 Bio-Apfel
100 g Himbeeren
2 EL flüssiger Honig

Die Banane schälen und klein schneiden. Die Orange schälen, in Spalten teilen und diese in Stückchen schneiden. Den Apfel waschen, trocken reiben, vierteln, vom Kerngehäuse befreien und das Fruchtfleisch klein schneiden. Die Himbeeren vorsichtig waschen, mit Küchenpapier trocken tupfen und verlesen.

Die vorbereiteten Früchte in 2 Schälchen füllen und mit Honig beträufelt servieren.

Tipp

Natürlich schmecken auch andere Früchte gut im Obstsalat, zum Beispiel Kiwi, Pfirsich oder Nektarine. Der Obstsalat kann pur, als Beigabe zum Müsli oder mit griechischem oder türkischem Joghurt genossen werden.

Himbeer-Bananen-Smoothie
Ein Traum in Rosa

Für 2 Portionen

250 ml Milch
1 Banane
100 g TK-Himbeeren
3 EL blütenzarte Haferflocken

Außerdem:
Standmixer

Die Milch in einen Standmixer gießen. Die Banane schälen und in Stücken dazugeben. Die unaufgetauten Himbeeren und die Haferflocken ebenfalls einfüllen. Alles so lange mixen, bis ein cremiger Smoothie ohne Stückchen entstanden ist. Sofort in Gläser gießen und genießen. Wer mag, süßt noch mit etwas Honig nach.

Tipp

Die Menge reicht für 2 Portionen zu einem üppigen Frühstück. Wenn der Smoothie als Sattmacher serviert werden soll, einfach die gleiche Menge pro Person rechnen. Natürlich könnt ihr statt der Himbeeren auch andere Beeren oder eine Beerenmischung verwenden.

Tipp

Wenn ihr keinen Standmixer zur Verfügung habt, die Himbeeren auftauen lassen und alles mit einem Pürierstab mixen.

Scrambled Eggs, Bacon and grilled Tomatoes

English Breakfast

Für 2 Portionen

4 Eier
4 EL Milch
Salz, Pfeffer aus der Mühle
Sonnenblumenöl zum Braten
8 Scheiben Bacon
6 Cocktailtomaten
Schnittlauchröllchen zum Bestreuen
2 Scheiben Toastbrot

Die Eier in einer Schüssel mit Milch, Salz und Pfeffer verrühren. Etwas Öl in einer beschichteten Pfanne erhitzen. Die Baconscheiben darin goldbraun braten, aus der Pfanne heben und auf einer Platte warm stellen. Die Tomaten waschen, trocken tupfen und ebenfalls in der Pfanne anbraten, herausnehmen und auf die Platte legen.
Die Eimasse langsam in das verbliebene heiße Bratfett gießen und stocken lassen. Dabei mit dem Pfannenwender immer wieder zusammenschieben, aber nicht so viel bewegen, dass die Masse krümelig wird. Das fertige Rührei – es sollte noch cremig sein – herausnehmen, zu Bacon und Tomaten auf die Platte geben und mit Schnittlauchröllchen bestreuen.
Das Toastbrot toasten und zum Rührei reichen. Dazu passen Butter, Orangengelee (Rezept S. 58), Tee und Orangensaft.

Käse-Schinken-Croissants

Herzhafte Hörnchen

Für 14 Croissants

1 Rolle Blätterteig aus der Kühltheke (275 g)
6 Scheiben gekochter Schinken
100 g geriebener Emmentaler
1 Eigelb zum Bestreichen

Den Backofen auf 200 °C Ober-/Unterhitze (Umluft 180 °C) vorheizen.
Den Blätterteig ausbreiten, mit den Schinkenscheiben belegen und gleichmäßig mit dem Käse bestreuen. Die Teigplatte längs halbieren. Auf der Längsseite jeder Hälfte Markierungen eindrücken, die die Platte dritteln. Jedes Drittel ist dabei die Grundlinie für ein Dreieck mit der Spitze auf der anderen Seite der Platte. So entstehen pro Hälfte 5 ganze und 2 halbe Dreiecke. Diese mit dem Messer ausschneiden, von der Grundlinie her aufrollen und auf ein mit Backpapier ausgelegtes Backblech legen. Dabei die Enden nach innen biegen, sodass eine Sichelform entsteht (Croissant = Mondsichel).
Das Eigelb mit etwas Wasser verrühren. Die Croissants damit bestreichen und im vorgeheizten Backofen 20 Minuten backen. Herausnehmen und warm oder kalt genießen.

Naschereien für unterwegs

Das gehört zum Schlimmsten, wenn man so richtig verliebt und noch dazu frisch verheiratet ist: die räumliche Trennung! Lässt sich aber nun mal nicht immer vermeiden, so ein Honeymoon kann eben nicht ewig dauern. Also, wenn es schon sein muss, könnte der daheimgebliebene Partner dem verreisenden den Abschied versüßen, indem er ihm etwas Leckeres mit auf den Weg gibt. Knabbernd oder kauend schweifen dann die Gedanken schnell zurück zum liebenden und treusorgenden Schatz daheim …

Mini-Chocolate-Cakes
Zart schmelzende Schokoladentörtchen

Für 6 Stück

250 g Zartbitterschokolade
180 g Butter
130 g Puderzucker
75 g Mehl
5 Eier

Außerdem:
1 Muffinblech
Butter für die Förmchen

Den Backofen auf 200 °C Ober-/Unterhitze (Umluft 180 °C) vorheizen.

Die Schokolade hacken und in einem kleinen Topf langsam schmelzen lassen. Die Butter stückchenweise unterrühren. Wenn eine homogene Schokomasse entstanden ist, den Topf vom Herd nehmen.

Puderzucker und Mehl in einer Rührschüssel mischen. Die Eier nacheinander mit dem Handrührgerät einarbeiten. Dann die Scholaden-Butter-Mischung unterrühren.

Die Muffinmulden mit Butter einfetten und den Teig hineingeben. Die Törtchen im vorgeheizten Backofen 15 Minuten backen. Der Kern sollte noch weich sein. Die Törtchen aus dem Ofen holen, etwas abkühlen lassen und dann aus den Mulden lösen.

Müsliriegel

Superfood für unterwegs

Für ca. 16 Riegel

180 g Haferflocken
3 EL Chia-Samen
5 getrocknete Aprikosen
3 EL Apfel-Aprikosen-Mark
3 EL Akazienhonig
4 EL Erdnussbutter
1 Beutel dunkle Kuchenglasur

Den Backofen auf 190 °C Ober-/Unterhitze (Umluft 170 °C) vorheizen.

Die Haferflocken mit den Chia-Samen in eine Schüssel geben. Die Aprikosen sehr klein schneiden und untermischen. Alles mit dem Apfel-Aprikosen-Mark verrühren.

Honig und Erdnussbutter in einem kleinen Topf unter Rühren erwärmen und zur Haferflockenmischung geben.

Eine Brownieform oder eine rechteckige Auflaufform mit Backpapier auslegen. Die Müslimasse hineingeben und glatt streichen. Masse im vorgeheizten Backofen 15 Minuten backen, bis die Oberfläche goldbraun ist.

Nach Ende der Backzeit die Form aus dem Ofen holen, die Müslimasse abkühlen lassen und in Riegel von ca. 3 x 10 cm Größe schneiden.

Die Kuchenglasur nach Packungsanweisung schmelzen und in ein Schüsselchen füllen. Die Riegel zur Hälfte mit Schokolade überziehen und auf einem Kuchengitter fest werden lassen.

Die Müsliriegel bis zum Verzehr in einer gut schließenden Dose aufbewahren.

Schoko-Kokos-Konfekt

Süßes gegen Heimweh

Für ca. 60 Stück

100 g Zartbitterschokolade
100 g Vollmilchschokolade
80 g Butter
1 EL flüssiger Honig
2 EL Sahne
50 g Walnusskerne
100 g Löffelbiskuits
100 g Rosinen
4 EL Kokosraspel

Beide Schokoladensorten in Stücke brechen und in einem Topf mit Butter, Honig und Sahne bei geringer Temperatur schmelzen lassen, dabei immer wieder umrühren.

Die Walnusskerne hacken, die Biskuits fein zerbröseln. Nüsse, Biskuitbrösel, Rosinen und 2 EL Kokosraspel mit der Schokoladenmasse vermischen. Den Topf vom Herd nehmen und die Masse etwas abkühlen lassen.

Wenn die Masse beginnt, fest zu werden, ca. 1 ½ cm dick auf Pergament- oder Backpapier streichen und mit den verbliebenen Kokosraspeln bestreuen. Die Konfektmasse im Kühlschrank vollständig auskühlen lassen und anschließend in kleine Rechtecke schneiden.

Energy-Balls mit Mango und Kokos

Bringen verbrauchte Energie sofort zurück

Für 20–25 Bällchen

100 g getrocknete Mango
120 g ungesalzene Cashewkerne
1 Vanilleschote
75 g Kokosmehl
75 g Kokosraspel

Außerdem:
Stabmixer

Die Mangostücke ca. 1 Stunde in einer Schüssel mit warmem Wasser einweichen. Dann durch ein Sieb abgießen und abtropfen lassen. Mit den Cashewkernen in eine Schüssel geben und mit dem Stabmixer fein pürieren.

Die Vanilleschote aufschlitzen und das Mark herauskratzen. Das Kokosmehl und das Vanillemark mit dem Mango-Cashew-Püree vermengen.

Aus der Masse 20–25 kleine Bällchen formen und diese in den Kokosraspeln wälzen. Die Energy-Balls gut verschlossen aufbewahren, damit ihre weiche Konsistenz erhalten bleibt.

Tramezzini mit Parmaschinken, Tomaten und Parmesan

Fürs Italien-Feeling

Für 4 Tramezzini

1 Bund Basilikum
1 Knoblauchzehe
3 EL Pinienkerne
3 EL Olivenöl
1 ½ EL dunkler Balsamico
Salz, Pfeffer aus der Mühle
60 g Parmesan
6 Kirschtomaten
½ Bund Rucola
4 Scheiben Sandwichtoast
75 g Parmaschinken, hauchdünn geschnitten

Außerdem:
Standmixer

Basilikum abbrausen, mit Küchenpapier trocken tupfen, die Blättchen abzupfen und in Streifen schneiden. Knoblauch schälen und hacken. Pinienkerne in einer Pfanne ohne Fett goldbraun rösten und abkühlen lassen. Basilikum, Knoblauch und Pinienkerne mit Olivenöl, Essig, Salz und Pfeffer in einen Standmixer geben und pürieren.
Den Parmesan dünn hobeln, die Tomaten waschen und in Scheiben schneiden. Den Rucola waschen, verlesen, trocken schleudern und von harten Stängeln befreien.
Von den Toastscheiben die Rinde abschneiden. Die Scheiben nebeneinanderlegen, mit einer Teigrolle flach rollen und mit der Basilikumcreme bestreichen. Die Hälfte der Scheiben nacheinander mit Rucola, Schinken, Parmesan und Tomaten belegen. Die verbliebenen Toastscheiben darauflegen und etwas andrücken. Die Sandwiches diagonal durchschneiden.
Die Tramezzini bis zum Verzehr zu je 2 Stück fest in Klarsichtfolie einwickeln.

Tipp

Tramezzini sind Sandwiches auf Italienisch. Tramezzo bedeutet dazwischen. Das erinnert ein bisschen an das hübsche schwitzerdütsche Wort für Butterbrot: Iklemmti.

Sandwich mit Mango und Hähnchen

Very british

Für 6 Sandwiches

1 cm frischer Ingwer
1 Stängel Koriander
200 g Schmand
½ TL Curry
Salz
½ reife Mango
2 EL gesalzene Cashewkerne
einige Blätter Eisbergsalat
6 Scheiben Sandwichbrot
6 Scheiben geräucherter Hähnchenbrustaufschnitt

Den Ingwer schälen und reiben. Den Koriander abbrausen, mit Küchenpapier trocken tupfen, die Blättchen abzupfen und hacken. Beides in einer Schüssel mit dem Schmand verrühren. Mit Curry und Salz kräftig würzen.
Die halbe Mango schälen und das Fruchtfleisch in dünnen Spalten vom Kern abschneiden. Die Cashewkerne hacken und in einer Pfanne ohne Fett goldbraun rösten. Die Salatblätter waschen, trocken schleudern und in Streifen schneiden.
Von den Toastscheiben die Rinde abschneiden. Die Scheiben nebeneinanderlegen und mit einer Teigrolle flach rollen. Danach mit der Currycreme bestreichen. Die Hälfte der Scheiben mit Salat, Mangospalten, Cashewkernen und Hähnchenbrust belegen. Die verbliebenen Scheiben obenauf legen und gut andrücken.
Die Sandwiches diagonal durchschneiden und bis zum Verzehr in eine Dose legen oder in Klarsichtfolie wickeln.

Tipp

Beim Rösten von Mandeln oder Nüssen immer wieder an der Pfanne rütteln und diese nicht unbeaufsichtigt lassen. Sie brennen nämlich sehr schnell an!

Fitness-Salat im Glas
Gesunder Sattmacher

Für 1 Glas à 700 ml

Für den Salat:
50 g Quinoa
Salz
3 Brokkoliröschen
250 ml Gemüsebrühe
6 Cocktailtomaten
2 Scheiben Hähnchenbrustaufschnitt
30 g Parmesan
2 Blätter Eisbergsalat
½ Scheibe Toastbrot
1 TL Butter zum Braten

Für das Dressing:
2 EL griechischer Joghurt
1 TL Bio-Zitronenabrieb
3 EL Rapsöl
1 ½ EL weißer Balsamico
1 EL flüssiger Honig
Salz, Pfeffer aus der Mühle

Die Quinoa nach Packungsanweisung in einem Topf mit kochendem Salzwasser weich garen. Danach in ein Sieb abgießen, abtropfen und auskühlen lassen.
Die Brokkoliröschen putzen und waschen. Die Gemüsebrühe in einem kleinen Topf zum Kochen bringen und den Brokkoli darin ca. 8 Minuten garen. Herausheben und abkühlen lassen.
Die Cocktailtomaten waschen und halbieren. Den Aufschnitt in Streifen schneiden. Den Parmesan mit dem Sparschäler hobeln. Die Salatblätter waschen, trocken schleudern und in Streifen schneiden.
Das Toastbrot in Würfel schneiden. In einer beschichteten Pfanne die Butter erhitzen und die Würfel darin kross anbraten. Die Croûtons herausnehmen und abkühlen lassen.
Jetzt Quinoa in das Glas geben, darüber Salat, Tomaten und Brokkoli einschichten. Hähnchenbruststreifen, Parmesan und Croûtons zum Schluss obenauf geben. Dann das Glas verschließen.
Für das Dressing Joghurt, Zitronenschale, Öl, Essig und Honig in einem Schraubglas gut mischen und mit Salz und Pfeffer würzen. Das Dressing erst direkt vor dem Verzehr über den Salat gießen und diesen direkt aus dem Glas genießen.

Verliebte Willkommensgrüße

Zum Schönsten für frischgebackene Eheleute zählt ja wohl eindeutig das Wiedersehen nach einer längeren – räumlichen, versteht sich – Trennung. Endlich! Das sollte so richtig gefeiert und ausgekostet werden. Ist es nicht wundervoll, nach Hause zu kommen und auf dem Tisch einen süßen Willkommensgruß vorzufinden, der in trauter Zweisamkeit verspeist werden möchte? Und damit die Liebe garantiert nicht abkühlt, gibt es dazu heiße Schokolade mit verborgenen Zauberkräften …

Karamelltörtchen mit Fleur de Sel

Buttrig-sahnige Gaumenfreude

Für 4–6 Törtchen

Für den Mürbeteig:
150 g Mehl
75 g kalte Butter
1 Prise Salz
1 TL Zucker
1 Eigelb

Für das Karamell:
150 g Zucker
60 g gesalzene Butter
250 ml Sahne

Außerdem:
Mehl für die Arbeitsfläche
Tarteformen von ca. 12 cm Ø
Butter für die Förmchen
Erbsen zum Blindbacken
Fleur de Sel zum Bestreuen

Für den Teig das Mehl in eine Schüssel geben. Die Butter in Flöckchen dazugeben und beides mit kalten Händen miteinander verreiben, bis eine sandige Konsistenz entstanden ist. Salz, Zucker und Eigelb zufügen und alles von Hand zu einem glatten Teig verkneten. Sollte er zu fest sein, etwas kaltes Wasser zufügen. Den Teig 15 Minuten abgedeckt kalt stellen.
Inzwischen für das Karamell den Zucker in einem Topf schmelzen. Sobald der Zucker zu bräunen beginnt, Topf vom Herd ziehen und die Butter und die Sahne unterrühren. Den Topf wieder auf die Herdplatte stellen und die Masse unter ständigem Rühren etwa 30 Minuten köcheln lassen.
Den Backofen auf 180 °C Ober-/Unterhitze (Umluft 160 °C) vorheizen.
Den Teig auf bemehlter Arbeitsfläche ausrollen. Mit einem Schälchen Kreise in der Größe der Förmchen ausstechen. Die Förmchen mit Butter einfetten und mit dem Teig auskleiden. Den Teig mehrfach mit einer Gabel einstechen. Die Oberfläche mit Backpapierstückchen abdecken und mit trockenen Erbsen belegen.
Die Tartelettes im vorgeheizten Backofen 15 Minuten blind backen. Danach herausnehmen, Erbsen und Backpapier entfernen. Die Törtchen mit dem Karamell füllen, mit Fleur de Sel bestreuen und kühl stellen, bis das Karamell fest geworden ist.

pour que je remar-
J'ai eu tout
Non, Sainval...
Alors, je peux
vérité, Fabienne !
est encore meilleur que vous
le pensez ! Gérald est venu
le trouver il y a un mois...

UN SEUL AMOUR
être enfin
elle
N° 942
70c

Mini-Éclairs au Café

Liebesknochen mit Mokkafüllung

Für 1 Blech

Den Backofen auf 200 °C Ober-/Unterhitze (Umluft 180 °C) vorheizen.

Für den Brandteig:
50 ml Milch
50 ml Wasser
40 g Butter
1 TL Zucker
1 Prise Salz
75 g Mehl
2 Eier

Für die Füllung:
175 ml Milch
100 ml Sahne
2 Eier
50 g Zucker
3 TL Speisestärke
30 g Butter
50 ml Espresso

Für die Glasur:
50 g Puderzucker
3 TL Espresso

Für den Teig Milch, Wasser, Butter, Zucker und Salz in einem Topf zum Kochen bringen. Dann das Mehl auf einmal hineinschütten und mit einem Kochlöffel rühren, bis sich ein glatter Kloß gebildet hat, der einen weißen Film auf dem Topfboden hinterlässt. Den Teig nun in eine Rührschüssel geben und etwas abkühlen lassen. Dann nacheinander die Eier mit einem Handrührgerät gründlich einarbeiten.

Den Teig in einen Spritzbeutel mit Sterntülle füllen und 5–6 cm lange »Knochen« auf ein mit Backpapier ausgelegtes Backblech spritzen. Die Éclairs im vorgeheizten Backofen ca. 20 Minuten backen, bis sie goldbraun sind. Herausnehmen, abkühlen lassen und einmal waagerecht durchschneiden.

Für die Füllung Milch, Sahne, Eier, Zucker und Speisestärke in einem Topf gründlich verrühren. Die Masse unter Rühren erhitzen, bis eine dicke Creme entstanden ist. Topf vom Herd nehmen. Butter und Espresso in die Masse rühren. Die Creme im Kühlschrank vollständig abkühlen lassen.

Für die Glasur den Puderzucker in eine Schüssel sieben und mit dem Espresso zu einem dicken Guss verrühren.

Die abgekühlte Creme in einen Spritzbeutel mit Lochtülle füllen und gleichmäßig verteilt auf die Unterhälften der Éclairs spritzen. Die oberen Hälften aufsetzen und mit der Glasur überziehen.

Petits Cœurs

Kleine Herzen zum Knabbern

Für 1 Blech

½ Packung Blätterteig aus der Kühltheke (à 275 g)
ca. 150 g brauner Zucker
2–3 EL Milch

Den Backofen auf 200 °C Ober-/Unterhitze (Umluft 180 °C) vorheizen.
Den Blätterteig ausbreiten und in 2 Rechtecke teilen. Zucker auf die Arbeitsfläche streuen, ein Rechteck darauflegen und von der Längsseite her leicht mit dem Nudelholz ausrollen. Teigplatte umdrehen und auch die andere Seite auf dem Zucker ausrollen. Die Platte von beiden Schmalseiten zur Mitte hin aufrollen. Den Strang in ca. 5 mm dicke Scheiben schneiden. Diese auf ein mit Backpapier ausgelegtes Backblech legen und mit etwas Milch bestreichen. Mit dem zweiten Rechteck ebenso verfahren.
Die Herzchen im vorgeheizten Backofen in etwa 15 Minuten goldbraun backen. Dann herausnehmen, etwas abkühlen lassen, vom Backpapier lösen und sofort in eine Blechdose geben und verschließen, damit sie schön kross bleiben.

Tipp

Wer mag, kann die Herzen nach dem Backen zur Hälfte in geschmolzene dunkle Kuvertüre tauchen.

Vanille-Honig-Trüffel

Lockende Versuchung

Für ca. 30 Trüffel

Für die Trüffel:
250 g Zartbitterkuvertüre
100 ml Sahne
1 Vanilleschote
1 EL flüssiger Honig (ggf. etwas erwärmen)

Für den Überzug:
250 g Zartbitterschokolade
30–50 g ungesüßtes Kakaopulver

Die Zartbitterkuvertüre hacken und in eine Schüssel geben.
Die Sahne in einen Topf gießen. Die Vanilleschote längs halbieren und das Mark herauskratzen. Schote und Mark mit der Sahne und dem Honig kurz aufkochen lassen und dann den Topf sofort vom Herd nehmen.
Die Vanillesahne durch ein feines Sieb über die Schokolade gießen. Mit kreisenden Bewegungen durchrühren, bis sich die Schokolade aufgelöst hat. Die Trüffelmasse im Kühlschrank abkühlen lassen, bis sie formbar geworden ist.
Mithilfe eines Teelöffels kleine Mengen von der Trüffelmasse abstechen und daraus zwischen den Handflächen Kugeln in der Größe von Walnüssen formen.
Die Schokolade für den Überzug hacken und in einer Schüssel über einem heißen Wasserbad unter Rühren schmelzen.
Die Trüffel einzeln auf eine Gabel legen, in die flüssige Schokolade tauchen und wieder herausheben. Etwas abtropfen lassen und zum Trocknen auf Backpapier legen. Noch bevor die Schokolade vollständig ausgehärtet ist, das Kakaopulver in eine Schale geben und die Trüffel vorsichtig darin wälzen.

Blaubeer-Baiser
Schaumkuss-Genuss

Für 4 Stück

2 Eiweiß
1 Prise Salz
100 g feinster Zucker
2 EL Blaubeerkonfitüre

Den Backofen auf 120 °C Ober-/Unterhitze (Umluft 100 °C) vorheizen.
Die Eiweiße in einer Schüssel mit dem Salz mithilfe eines Handrührgeräts zu steifem Schnee schlagen. Er muss schnittfest sein. Den Zucker nach und nach einrieseln lassen und weiterrühren, bis eine feste, glänzende Masse entstanden ist.
Die Konfitüre glatt rühren, dafür evtl. etwas heißes Wasser zugeben. Vorsichtig unter den Eischnee heben, bis ein hübsches blaues Marmormuster entsteht.
Die Masse mithilfe von 2 Löffeln in 4 Portionen auf ein mit Backpapier ausgelegtes Backblech geben. Die Baisers im vorgeheizten Backofen ca. 1 Stunde backen und 1 weitere Stunde im ausgeschalteten Ofen trocknen lassen. Danach vom Papier lösen und bis zum Verzehr in einer Blechdose aufbewahren.

Tipp

Baiser ist französisch und bedeutet Kuss. Was man bei uns Baiser nennt, heißt in Frankreich allerdings Meringue. Wer also in eine Pâtisserie geht und ein Baiser bestellt, bekommt vielleicht etwas anderes, als er im Sinn hatte …

Herzpralinen mit Himbeer-Sekt-Füllung

Prickeln inklusive!

Für 15 Pralinen

Für die Hohlkörper:
100 g weiße Schokolade

Für die Füllung:
70 g TK-Himbeeren
30 g weiße Schokolade
10 g Butter
3 TL Sahne
1 TL Himbeersirup
1 EL Sekt

Außerdem:
1 Silikonform
für 15 Herzpralinen

Für die Hohlkörper ein Drittel der Schokolade grob hacken und in einem Schälchen über einem heißen Wasserbad vorsichtig schmelzen. Die Schokolade in die Hohlformen gießen und mit einem Pinsel so verteilen, dass die Wände bis oben mit Schokolade überzogen sind. Dann kalt stellen. Diesen Vorgang mit einem weiteren Drittel nach dem Festwerden der ersten Schicht wiederholen und damit eine zweite Schicht Schokolade auftragen. Das restliche Drittel der Schokolade für den Boden beiseitestellen.
Für die Füllung die Himbeeren auftauen lassen und durch ein Sieb streichen. Die weiße Schokolade mit Butter und Sahne in ein Schüsselchen geben und über einem heißen Wasserbad so lange rühren, bis eine homogene Masse entstanden ist. Himbeermus, Sekt und Sirup unterrühren. Die Füllung etwas abkühlen lassen, in einen Spritzbeutel mit Lochtülle füllen und in die vorbereiteten Hohlkörper spritzen. Die Pralinen 1 Stunde kalt stellen.
Zum Schluss die restliche Schokolade für die Hohlkörper in einer Schüssel über einem heißen Wasserbad schmelzen und die Pralinen damit verschließen. Bis zum Festwerden kalt stellen. Die fertigen Pralinen vorsichtig aus der Silikonform drücken und an einem kühlen Ort aufbewahren.

Provenzalischer Mandelkakao

Mit geheimen Würzkräften

Für 2 Portionen

1 EL Mandelstifte
½ Vanilleschote
250 ml Milch
2 EL gemahlene Mandeln
1 Msp. Zimt
6 TL lösliches Kakaopulver
2 EL geschlagene Sahne

Die Mandelstifte in einer kleinen Pfanne ohne Fett unter Rühren goldbraun rösten. Vorsicht, sie verbrennen leicht! Pfanne vom Herd nehmen und Mandeln abkühlen lassen.
Die Vanilleschote aufschlitzen und das Mark herauskratzen. Vanillemark und -schote, Milch, gemahlene Mandeln, Zimt und Kakaopulver in einen Topf geben. Erhitzen, aber nicht kochen lassen.
Den dampfenden Kakao durch ein Sieb in Becher füllen. Vor dem Servieren mit Sahnehäubchen verzieren und mit den gerösteten Mandelsplittern bestreuen.

Tipp

Statt Kakaopulver 50 g dunkle Kuvertüre verwenden und in der heißen Milch unter Rühren schmelzen lassen.

Vanille und Schokolade

Im alten Mexiko liebten sich einst das Mädchen Vanila und der Jüngling Chocolatl. Ein böser Zauberer ärgerte sich über ihr Glück und verwandelte den Jüngling in einen Baum und das Mädchen in eine Orchidee. Doch war die Liebe der beiden stärker als der Fluch und die Vanille-Orchidee umarmte den Kakaobaum wie eine Liane. Eines Tages kamen Menschen, ernteten die Früchte des Baumes und der Orchidee und mischten daraus ein Getränk. Wer es trank, wurde auf wundersame Weise von Angst und Bitterkeit befreit und spürte nur noch Liebe …

Gemütliche Schlemmereien für Couch-Potatoes

So ein Eheleben kann auch anstrengend sein. Viele gesellschaftliche Verpflichtungen, Abendtermine, ganz zu schweigen vom Wochenende … Da ist es wichtig, mal die Bremse zu ziehen und wenigstens an einem Abend alle Termine zu canceln und stattdessen genüsslich auf dem Sofa zu gammeln. In Schlabberklamotten und dicken Socken! Vielleicht ein bisschen *Tatsächlich Liebe* anschauen, *Titanic* oder alle *Harry-Potter*-Filme in Folge? Egal, Hauptsache, dazu gibt es was Leckeres zu knabbern! Noch ein paar Kerzen anzünden, Getränke kalt stellen, Smartphones verbannen – jetzt wird's gemütlich …

Dreierlei Dips
Thunfisch, Rote Bete und Roquefort

Für je 2 Portionen

Für den Thunfisch-Dip:
50 g Knollensellerie
75 g Thunfisch (Dose)
100 g griechischer Joghurt
1 TL Dijon-Senf
Salz, Pfeffer aus der Mühle
1 Spritzer Zitronensaft

Für den Rote-Bete-Dip:
Saft von 1 Zitrone
1 EL flüssiger Honig
½ TL Sambal Oelek
150 g gekochte Rote Bete (Vakuum-Pack)
1 Knoblauchzehe
1 EL gehackte Petersilie
50 g Ricotta
Salz, Pfeffer aus der Mühle

Für den Roquefort-Dip:
50 g Roquefort
50 g Magerquark
1 Handvoll Walnusskerne
50 g Crème fraîche
Salz, Pfeffer aus der Mühle

Außerdem:
Stabmixer

Für den Thunfisch-Dip den Sellerie schälen, würfeln und in einen Rührbecher geben. Den Thunfisch abtropfen lassen und mit Joghurt, Senf, Salz, Pfeffer und Zitronensaft zum Sellerie geben. Alles pürieren und den Dip abgedeckt 30 Minuten kalt stellen.

Für den Rote-Bete-Dip den Zitronensaft in einer Schüssel mit Honig und Sambal Oelek verrühren. Die Rote Bete klein schneiden. Knoblauch schälen und hacken. Beides zusammen in einen Behälter geben und fein pürieren. Den Honig-Mix zugeben, Petersilie und Ricotta unterrühren. Dip mit Salz und Pfeffer würzen und abgedeckt 30 Minuten kalt stellen.

Für den Roquefort-Dip den Käse in einer Schüssel mit einer Gabel zerdrücken und mit dem Quark pürieren. Die Walnusskerne hacken. Crème fraîche und Walnusskerne zum Käse-Mix geben. Dip salzen, pfeffern und gut durchrühren. Bis zum Servieren kalt stellen.

Zum Servieren die 3 Dips in Schälchen füllen und dazu Brot- oder Nacho-Chips, Grissini oder einfach Baguette reichen.

RUSTICA

Spinat-Schafskäse-Pasteten

Irgendwie griechisch oder türkisch

Für 8 Pasteten

1 kleine Zwiebel
Butter zum Braten
200 g TK-Blattspinat, aufgetaut
1 Ei
100 g Schafskäse
1 Paket Blätterteig aus der Kühltheke (275 g)
Milch zum Bestreichen

Die Zwiebel schälen und würfeln. Etwas Butter in einem Topf zerlassen und die Zwiebelwürfel darin andünsten. Den Spinat abtropfen lassen, ausdrücken und in den Topf geben. Garen, bis die austretende Flüssigkeit fast ganz verdampft ist. Den Topf vom Herd nehmen, Ei und den zerbröckelten Schafskäse zugeben. Alles gut mischen. Da der Schafskäse salzig ist, braucht weiter nicht gewürzt zu werden.

Den Backofen auf 200 °C Ober-/Unterhitze (Umluft 180 °C) vorheizen.

Die Blätterteigplatte ausbreiten und in 8 Quadrate schneiden. Die Spinatmischung gleichmäßig darauf verteilen. Dann bei jedem Quadrat alle vier Ecken über die Füllung klappen und die Spitzen gut zusammendrücken. Die Taschen auf ein mit Backpapier ausgelegtes Backblech legen und mit Milch bestreichen. Im vorgeheizten Backofen in 20–25 Minuten goldbraun backen. Warm oder kalt servieren.

Zwiebel-Sardellen-Tartes

Ein Rezept aus der Provence

Für 4 kleine Tartes

Für den Mürbeteig:
300 g Mehl
150 g kalte Butter
1 Prise Salz
100 ml Wasser

Für den Belag:
1 kg Zwiebeln
3 Stängel Thymian
4 EL Olivenöl
Salz, Pfeffer aus der Mühle
100 ml Wasser
60 g geriebener Emmentaler
8 Sardellenfilets
16 schwarze Oliven (ohne Stein)

Außerdem:
4 Tarteformen von 12 cm Ø
Butter für die Formen
Mehl für die Arbeitsfläche
Erbsen zum Blindbacken

Für den Teig das Mehl in eine Schüssel geben. Die kalte Butter in Stückchen daraufsetzen. Beides mit kalten Fingern so lange verreiben, bis eine sandartige Masse entstanden ist. Jetzt Salz und kaltes Wasser zugeben. Alles zügig von Hand zu einem glatten Teig kneten. Sollte er noch zu fest sein, noch etwas mehr kaltes Wasser zugeben. Den Teig abgedeckt für 20 Minuten kühl stellen.

Für den Belag die Zwiebeln schälen und in feine Ringe schneiden. Thymian abbrausen, trocken schütteln und die Blättchen abzupfen. Olivenöl in einer großen Pfanne erhitzen. Die Zwiebelstreifen mit Thymian, Salz und Pfeffer darin glasig anschwitzen. Das Wasser angießen und alles zugedeckt 40 Minuten bei geringer Hitze garen. Kurz vor Ende der Garzeit den Deckel abnehmen und die Flüssigkeit einkochen lassen. Dann die Zwiebelmischung abkühlen lassen.

Den Backofen auf 200 °C Ober-/Unterhitze (Umluft 180 °C) vorheizen.

Die Tarteformen mit Butter einfetten. Den Teig in 4 Portionen teilen, auf bemehlter Arbeitsfläche ausrollen und die Formen damit auskleiden. Den Boden mehrfach mit einer Gabel einstechen. Kreise aus Backpapier passend ausschneiden, auf den Teig legen und mit Erbsen beschweren. Die Teigböden im vorgeheizten Backofen 15 Minuten blind backen.

Die Tartes aus dem Ofen nehmen, Erbsen und Backpapier entfernen und die Zwiebeln gleichmäßig auf den Tarteböden verteilen. Mit Emmentaler bestreuen und mit Sardellen und Oliven belegen. Die Tartes wieder in den Ofen stellen und weitere 30 Minuten backen. Herausnehmen und lauwarm oder kalt genießen. Dazu passt ein provenzalischer Rotwein.

DES AUTOMAT

Käsekrapfen

Lecker zu Weißwein

Für 1 Blech

50 g Butter
1 TL Salz
200 ml Wasser
125 g Mehl
3 Eier
1 Prise geriebene Muskatnuss
3 Prisen Pfeffer aus der Mühle
150 g geriebener Comté (ersatzweise Gruyère)

Den Backofen auf 200 °C Ober-/Unterhitze (Umluft 180 °C) vorheizen.

Butter, Salz und Wasser in einen Topf geben und zum Kochen bringen. So lange köcheln, bis die Butter unter Rühren geschmolzen ist. Dann die Hitze reduzieren. Das Mehl auf einmal dazugeben. Kräftig mit einem Kochlöffel rühren, bis ein Kloß entstanden ist, der sich vom Topfboden löst.

Den Brandteig vom Herd nehmen und in eine Rührschüssel geben. Die Eier nach und nach mithilfe eines Handrührgeräts einarbeiten. Muskat und Pfeffer zugeben. Zum Schluss den geriebenen Käse unterrühren.

Mithilfe von 2 Teelöffeln Teighäufchen auf ein mit Backpapier ausgelegtes Backblech setzen. Die Krapfen im vorgeheizten Backofen ca. 20 Minuten backen. Herausnehmen, vom Papier lösen und frisch genießen. Dazu passt ein kühler Chardonnay.

Tortilla-Wrap-Röllchen mit Lachs und Linsen

Lecker eingewickelt

Für 16 Röllchen

2 Tortilla-Wraps (Fertigprodukt)

Für die Linsenfüllung:
75 g Linsen
Salz
1 Knoblauchzehe
¼ Chilischote
Olivenöl zum Braten
100 g Tomatenpüree
40 g Rucola
50 g Kräuterfrischkäse

Für die Lachsfüllung:
40 g Rucola
50 g Meerrettich-Frischkäse
75 g Räucherlachs in Scheiben

Für die Linsenfüllung die Linsen in ein Sieb geben und unter fließendem kaltem Wasser abspülen. Dann in einen Topf füllen, mit Wasser bedecken, salzen und in ca. 12 Minuten weich kochen. Die Linsen in ein Sieb abgießen und abtropfen lassen.

Knoblauch schälen und hacken. Die Chili waschen, putzen und ganz fein schneiden. Olivenöl in einem Topf erhitzen, Knoblauch und Chili darin anschwitzen. Tomatenpüree zugeben und alles 5 Minuten köcheln lassen. Dann die Linsen unterrühren. Topf vom Herd nehmen und Linsen abkühlen lassen.

Rucola für beide Füllungen verlesen, waschen, von groben Stielen befreien und nach Belieben klein schneiden.

Die Tortillas flach ausbreiten. 1 Fladen mit Kräuterfrischkäse bestreichen und mit Rucola und Linsen belegen. Den anderen mit Meerrettich-Frischkäse bestreichen und mit Rucola und Lachs belegen.

Beide Tortillas fest aufrollen und in jeweils 8 Scheiben schneiden. Die Röllchen mit Zahnstochern fixieren und bis zum Verzehr kühl stellen.

Tipp

Die leckeren Röllchen eignen sich auch super als sommerliche Vorspeise oder für ein Picknick!

Rote-Bete-Salat mit Ziegenkäse und Sesam

Sommerlicher Snack

Für 2 Portionen

Für den Salat:
150 g gekochte Rote Bete (Vakuum-Pack)
½ Schalotte
1 gestrichener EL Sesam
75 g Ziegenfrischkäse
1 TL gehackte glatte Petersilie

Für das Dressing:
1–2 TL weißer Balsamico
1 TL Sonnenblumenöl
Salz, Pfeffer aus der Mühle

Die Rote Bete fein würfeln. Die Schalotte schälen und hacken. Beides in einer Schüssel vermischen.
In einer zweiten Schüssel Essig, Öl, Salz und Pfeffer verrühren und über die Rote Bete gießen.
Sesam in einer Pfanne ohne Fett goldbraun rösten. Den Ziegenfrischkäse mit einer Gabel zerpflücken und auf dem Rote-Bete-Salat verteilen. Den Salat 30 Minuten kalt stellen. Mit Sesam und Petersilie bestreut servieren. Dazu passt frisches Baguette.

Taboulé

Orientalischer Couscous-Salat

Für 2–3 Portionen

100 g Instant-Couscous
100 ml kochendes Wasser
1 TL Olivenöl
Salz
½ Salatgurke
1 kleine gelbe Paprikaschote
3 aromatische Tomaten
½ Bund glatte Petersilie
2–3 Stängel Minze
Pfeffer aus der Mühle
1 Spritzer Zitronensaft

Couscous in eine Schüssel füllen und mit kochendem Wasser übergießen. Olivenöl und Salz untermischen und Couscous abgedeckt 5 Minuten quellen lassen. Danach mit einer Gabel auflockern.

Die Gurke schälen, putzen und fein würfeln. Die Paprika putzen, waschen und ebenfalls fein würfeln. Die Tomaten waschen, vom Stielansatz befreien und in kleine Würfel schneiden. Den austretenden Saft dabei auffangen.

Petersilie und Minze waschen, trocken schütteln, die Blättchen von den Stängeln zupfen und hacken.

Alle vorbereiteten Zutaten zum Couscous geben. Mit Salz, Pfeffer und Zitronensaft würzen. Den Salat gut durchrühren und 1 Stunde kalt stellen, damit er durchziehen kann. Danach in Portionsschälchen füllen und servieren.

Liebevolle Trostpflaster

Auch ohne Streit herrscht leider nicht immer eitel Sonnenschein in einer jungen Ehe. Sorgen, Schnupfen, Winter-Blues, Stimmungsschwankungen und Missgeschicke aller Art lassen sich viel leichter ertragen, wenn man vom Lieblingsmenschen aufopfernd umsorgt wird. Dafür hier drei einfache Tricks.

Erstens: Zutaten wie Banane, Schokolade oder Nudeln verwenden, deren stimmungsaufhellende Wirkung nachgewiesen ist.

Zweitens: Vanille und alle süßen Genüsse aus der Kindheit sind so tröstlich wie damals Mamas Arme.

Und drittens: Alles, was warm ist und mit dem Löffel gegessen wird löst Wohlbehagen und ein Gefühl der Geborgenheit aus.

Heilsame Tees

Pfefferminz-Zimt-Tee und Ingwer-Kurkuma-Tee

Für je 2 Portionen

Für den Ingwer-Kurkuma-Tee:
1 EL frischer Ingwer
½ TL gemahlene Kurkuma
1 Prise Cayennepfeffer
500 ml kochendes Wasser
2 Spritzer frischer Zitronensaft
2 Bio-Zitronenscheiben zum Garnieren
Honig nach Belieben

Für den Pfefferminz-Zimt-Tee:
1 Beutel grüner Tee
500 ml heißes Wasser (ca. 90 °C)
4 Stängel frische Minze
2 Zimtstangen
Zucker oder Honig nach Belieben

Für den Ingwer-Kurkuma-Tee den Ingwer schälen und fein reiben. Mit Kurkuma und Cayennepfeffer in eine Kanne geben. Mit dem kochenden Wasser übergießen und alles 10 Minuten ziehen lassen. Danach den Tee durch ein Sieb in 2 Teegläser gießen und etwas Zitronensaft hineinträufeln. Mit den Zitronenscheiben garnieren und nach Belieben mit Honig süßen.
Für den Pfefferminz-Zimt-Tee den grünen Tee in einer Kanne mit dem nicht mehr kochenden Wasser aufgießen und 3 Minuten ziehen lassen. Die Minze abbrausen und je 2 Stängel mit je 1 Zimtstange in je 1 Teeglas legen. Beide Gläser mit dem grünen Tee aufgießen. Nach Geschmack mit Zucker oder Honig süßen.

Kurkuma und Ingwer

Kurkuma und Ingwer – die beiden Wurzeln gehören zur selben Familie und wirken entzündungshemmend und schmerzstillend. Ingwer wirkt stark anregend und wird als Heilmittel gegen Erkältungen, Magenschmerzen und Rheuma eingesetzt.

Pfefferminze und Zimt

Pfefferminze und Zimt lindern Husten und Halsweh und beruhigen den Magen und das Verdauungssystem.

Zitronen-Tartelettes mit Baiser

Sauer macht lustig!

Für 6 Tartelettes

Für den Mürbeteig:
200 g Mehl
100 g kalte Butter
2 Eigelb
50 g Zucker
1 Prise Salz

Für die Zitronencreme:
4 Bio-Zitronen
150 g Zucker
1 EL Speisestärke
3 Eier

Für das Baiser:
2 Eiweiß
100 g Zucker
1 Prise Salz

Außerdem:
6 Tarteformen von 10 cm Ø
Butter für die Förmchen
Mehl für die Arbeitsfläche
Erbsen zum Blindbacken

Für den Teig das Mehl in eine Schüssel geben. Die kalte Butter in Stückchen daraufsetzen. Beides mit kalten Fingern so lange verreiben, bis eine sandartige Masse entstanden ist. Jetzt Eigelbe, Zucker und Salz zugeben und alles von Hand zügig zu einem glatten Teig verkneten. Den Teig abgedeckt 20 Minuten kühl stellen.

Den Backofen auf 180 °C Ober-/Unterhitze (Umluft 160 °C) vorheizen. Die Tarteformen mit Butter einfetten. Den Teig auf bemehlter Arbeitsfläche ausrollen und Kreise vom Durchmesser der Förmchen ausstechen oder -schneiden. Die Förmchen damit auskleiden. Den Teig mit einer Gabel mehrfach einstechen. Passende Kreise aus Backpapier ausschneiden und auf den Teig legen, darauf die getrockneten Erbsen geben. Die Tartelettes im vorgeheizten Backofen 20 Minuten blind backen.

Für die Zitronencreme die Zitronen heiß abwaschen und trocken reiben. Von 2 Zitronen die Schale (nur das Gelbe) fein abreiben. Alle Früchte auspressen. Saft und Schale mit Zucker und Speisestärke in einem Topf mischen. Die Eier mit einem Schneebesen in einer Schüssel verquirlen und unterrühren. Das Ganze zum Kochen bringen und mit dem Schneebesen rühren, bis die Creme glatt und dickflüssig ist.

Für das Baiser die Eiweiße mit dem Zucker und dem Salz in einer Schüssel mit einem Handrührgerät zu steifem Schnee schlagen.

Die Tartelettes aus dem Ofen nehmen, Backpapier und Erbsen entfernen. Zitronencreme gleichmäßig auf den Böden verteilen. Die Eischneemasse in einen Spritzbeutel mit Lochtülle füllen und Tupfen rundum auf die Ränder der Törtchen spritzen. Die Tartelettes weitere 10 Minuten bei 120 °C (Umluft 100 °C) im Ofen backen, bis das Baiser zu bräunen beginnt (evtl. die Grillfunktion zuschalten).

VICTIMES DE LA
Imprimerie de Montsouris, 5-7, rue

Gewürzmilchreis mit Orangensauce

Kindertraum mit Winteraroma

Für 3–4 Portionen

Für den Milchreis:
400 ml Milch
1 Prise Salz
1 TL Zucker
1 Zimtstange
2 Nelken
1 Sternanis
½ Vanilleschote
125 g Milchreis

Für die Orangensauce:
2 große Orangen
2 EL Zucker
¼ TL Lebkuchengewürz
½ Vanilleschote
40 ml Sahne
2 TL Stärke

Außerdem:
4 Sternanis zum Garnieren

Milch, Salz, Zucker, Zimt, Nelken und Sternanis in einen Topf geben. Die halbe Vanilleschote längs aufschneiden und das Mark herauskratzen. Mark und Schote zur Milch geben. Alles zum Kochen bringen und den Milchreis unter Rühren einrieseln lassen. Die Hitze auf niedrigste Stufe herunterschalten und den Reis 20 Minuten quellen lassen. (Bei einem E-Herd die Platte ganz ausschalten und den Reis auf der Resthitze garen.) Danach die Gewürze und die Vanilleschote entfernen und den Milchreis auf Glasschälchen verteilen.
Für die Orangensauce die Orangen auspressen. Den Saft in einem kleinen Topf mit Zucker und Lebkuchengewürz verrühren. Die halbe Vanilleschote aufschlitzen und das Mark herausschaben. Schote und Mark zum Orangensaft geben. Die Mischung zum Kochen bringen. Die Sahne mit der Stärke verrühren, zum Saft geben und einmal aufkochen lassen. Die Vanilleschote entfernen. Die Orangensauce auf die Milchreisportionen verteilen und mit jeweils 1 Sternanis dekorieren. Warm oder kalt genießen.

Gewürze

Zimt, Anis, Kardamom und Nelken, all diese Gewürze, die im Lebkuchengewürz enthalten sind und so schön nach Weihnachten duften, wirken antibakteriell und schmerzstillend. Ihre heilsame Wirkung wird durch den Trostfaktor der Vanille gefördert und unterstützt.

Apfelwaffeln

Knusprig-fruchtige Herzchen

Für 6 Waffeln

125 g Butter
3 Eier
3 EL Zucker
1 Päckchen Vanillezucker
125 g Mehl
½ TL Backpulver
125 ml Milch
1 Msp. Zimt
1 Apfel

Außerdem:
Mehl zum Wenden
1 Waffeleisen
Fett fürs Waffeleisen
Puderzucker zum Bestäuben

Die Butter in einem Topf leicht erwärmen, bis sie fast flüssig ist. Die Eier mit Zucker, Vanillezucker und Butter in einer Rührschüssel mithilfe eines Handrührgeräts zu einer schaumigen Creme rühren. Das Mehl mit dem Backpulver mischen und zu der Eiermasse geben. Die Milch unterrühren und alles zu einem homogenen Teig vermischen.
Den Apfel schälen, vom Kerngehäuse befreien und fein würfeln. Die Apfelwürfel in Mehl wenden, in einem Sieb abklopfen und unter den Teig heben.
Das Waffeleisen vorheizen und einfetten. Den Teig portionsweise in das Waffeleisen löffeln und zu goldbraunen Waffeln backen. Nach jeder Waffel das Eisen neu einfetten. Die fertigen Waffeln in Herzchen teilen, mit Puderzucker bestäuben und sofort genießen.

Tipp

Die süß-fruchtigen Waffelherzen verströmen einen Duft, der an Kindheit erinnert, und sorgen für Wohlbefinden. Geschlagene Sahne schmeckt gut dazu.

Schoko-Bananen-Brownies

Doppelter Trostfaktor

Für 12 Brownies

175 g Zartbitterschokolade
90 g brauner Zucker
175 g Butter
3 reife Bananen
100 g Mehl
2 TL Backpulver
1 Päckchen Vanillezucker
2 Eier

Außerdem:
Brownieform

Den Backofen auf 200 °C Ober-/Unterhitze (Umluft 180 °C) vorheizen. Eine rechteckige Brownieform mit Backpapier auskleiden. Die Schokolade grob hacken.

Die Schokolade mit dem Zucker und der Butter in einen Topf geben und bei geringer Hitze schmelzen lassen. Die Schokoladenmasse vom Herd nehmen, etwas abkühlen lassen und dann die Eier mit einem Schneebesen nacheinander einarbeiten. Die Bananen schälen, mit einer Gabel zerdrücken, zum Teig geben und unterrühren.

Mehl, Backpulver und Vanillezucker in einer zweiten Schüssel mischen, zur Schokoladenmischung geben und schnell unterziehen.

Den Teig in die Form gießen und im vorgeheizten Backofen 20–25 Minuten backen. Dann eine Garprobe machen. Dafür ein Holzstäbchen in den Teig stecken. Wenn nichts daran kleben bleibt, sind die Brownies fertig. Herausnehmen, etwas abkühlen lassen und in 12 Quadrate schneiden.

Tipp

Die Brownies schmecken auch lecker mit Schokoglasur, dafür dunkle Kuchenglasur nach Packungsanweisung schmelzen und die Brownies damit überziehen.

Schoko-Karamell-Sticks

Zum Auflösen in heißer Milch

Für 8 Sticks

100 g Zartbitterschokolade
50 g Vollmilchschokolade
8 weiche Karamellbonbons
Meersalz zum Bestreuen

Außerdem:
8 Schnapsgläser
8 Holzstäbchen für Eis am Stiel

Die beiden Schokoladensorten hacken und in einer Schüssel über einem heißen Wasserbad schmelzen. Die Karamellbonbons klein würfeln. Die geschmolzene Schokolade in einen Spritzbeutel mit Lochtülle geben und in die Schnapsgläser füllen. Die Karamellstückchen gleichmäßig darauf verteilen und Masse mit Meersalz bestreuen.
Die Holzstäbchen nach Belieben dekorieren oder beschriften. Wenn die Schokolade beginnt, fest zu werden, in jedes Gläschen ein Holzstäbchen stecken. Schokolade vollständig abkühlen lassen. Um die Schoko-Sticks aus den Gläsern zu lösen, kurz in heißes Wasser tauchen. Sticks bis zur Verwendung kühl aufbewahren.

Tipp

Zum Genießen 250 ml Milch erwärmen und in einen Becher gießen. Stick so lange in der heißen Milch rühren, bis Schokolade und Karamell sich vollständig aufgelöst haben.

Schokolade und Karamell

Schokolade und Karamell, noch zwei Freunde aus Kindertagen. Heiße Schokolade wärmt von innen, beruhigt, macht herrlich schläfrig und zufrieden.

ICH DENK AN DICH !

Hühnersuppe

Für die Seele

Für 2 Liter

1 Poularde (ca. 1,2 kg)
1 Bund Suppengrün (Möhre, Lauch, Sellerie, Petersilienwurzel)
1 Zwiebel
2 TL Salz

Die Poularde gründlich waschen und im Ganzen in einen großen Topf legen. Das Suppengrün putzen, waschen, grob zerkleinern und zum Huhn geben. Die Zwiebel schälen, quer halbieren und die Schnittflächen in einer Pfanne ohne Fett dunkel anrösten. Mit dem Salz zu den anderen Zutaten in den Topf geben und mit so viel Wasser aufgießen, dass alles bedeckt ist (ca. 2 Liter). Alles zum Kochen bringen und zugedeckt ca. 1 Stunde köcheln lassen. Sich bildenden Schaum mit einem Schaumlöffel abschöpfen. Nach der Garzeit die Poularde herausheben und abkühlen lassen. Die Suppe durch ein Sieb abgießen und das Fett evtl. abschöpfen. Vom Huhn das Fleisch auslösen, klein schneiden und wieder in die Suppe geben, Haut und Knochen nicht verwenden. Das Gemüse nach Belieben klein schneiden und ebenfalls wieder in die Brühe geben.

Gemüseeinlage

Möhre, Sellerie und Lauch waschen, putzen und in kleine Würfel oder schmale Streifen schneiden. Blumenkohl waschen und in winzige Röschen teilen. TK-Erbsen unaufgetaut dazugeben. Das Gemüse 5–10 Minuten in der Suppe garen.

Nudeleinlage

1 EL rohe Faden-, Buchstaben- oder Sternchennudeln pro Person ca. 3 Minuten in der Suppe mitgaren.

Eierstich

2 Eier in einer Schüssel verquirlen, mit ½ Tasse warmer Milch vermischen und salzen. Die Eimasse in einen Gefrierbeutel füllen und in leicht köchelndem Wasser 20 Minuten stocken lassen. Danach aus der Tüte nehmen, würfeln und zur Suppe geben.

Versöhnmenüs

Was tun, wenn der Haussegen einmal schief hängt und die junge Ehe von Streit und Zwietracht überschattet wird? Jetzt gilt es, das richtige Rezept zur Hand zu haben, um den anderen wieder versöhnlich zu stimmen. Denn Liebe geht schließlich durch den Magen! Vielleicht etwas, das ihr gemeinsam auslöffelt?
Die folgenden Menüs sind zwar etwas aufwendiger in der Zubereitung und etwas ausgefallener von den Zutaten her, aber schließlich sollen sie ihre Wirkung ja auch nicht verfehlen.

Italienisches Versöhnmenü

*

Französisches Versöhnmenü

*

Fernöstliches Versöhnmenü

Italienisches Versöhnmenü

Für leidenschaftliche Liebhaber der italienischen Küche folgt
hier ein Menüvorschlag, der sich vielversprechend auf die
Versöhnungsbereitschaft aufbrausender, hitzköpfiger und schnell
eingeschnappter Partner auswirken kann.
Die drei Gänge wecken Erinnerungen an den letzten Urlaub, schmecken
nach Sonne, Strand und Meer.

Jakobsmuscheln mit Limetten-Chili-Salsa

*

Involtini mit Risotto Milanese

*

Tiramisu

Jakobsmuscheln mit Limetten-Chili-Salsa

Schmeckt nach Meer

Für 2 Portionen

1 Knoblauchzehe
1 rote Chilischote
2 Stängel glatte Petersilie
1 Bio-Limette
4 EL Olivenöl + etwas zum Einreiben
1 TL süße Chilisauce
grobes Meersalz, Pfeffer aus der Mühle
4 Jakobsmuscheln (nur die Nüsse)

Den Knoblauch schälen. Die Chilischote putzen, waschen, halbieren und von den Samen befreien. Beides fein würfeln. Petersilie abbrausen, mit Küchenpapier trocken tupfen, die Blättchen abzupfen und hacken. Die Limette heiß abwaschen. Die äußere Schale fein abreiben (nicht das Weiße), dann die Frucht auspressen. Limettensaft und -schale mit Knoblauch, Chili, Petersilie, 4 EL Olivenöl und der Chilisauce in einer Schüssel verrühren. Salzen und pfeffern.
Die Jakobsmuscheln waschen, mit Küchenpapier trocken tupfen und mit etwas Olivenöl einreiben. Eine Eisenpfanne erhitzen und die Muscheln darin auf beiden Seiten zügig braun braten.
Auf vorgewärmten Tellern je 2 Muscheln anrichten und die Salsa drum herum träufeln.

Jakobsmuschel

Seit dem Mittelalter gilt die Jakobsmuschel als Symbol für Pilgernde auf dem Jakobsweg. Reuige Sünder wanderten zu Fuß nach Santiago de Compostella, um göttliche Vergebung zu erlangen.

Chili

Scharfe Gerichte gelten grundsätzlich als anregend. Beim Genuss von Chili schüttet der Körper Endorphine aus, die sowohl schmerzlindernd als auch anregend wirken.

Involtini mit Risotto Milanese

Ganz schön eingewickelt

Für 2 Portionen

Für die Involtini:
3 Stängel glatte Petersilie
1 Handvoll Salbeiblätter
2 Scheiben Toastbrot
30 g geriebener Parmesan
1 Eigelb
2 kleine Kalbsschnitzel
2 Scheiben Parmaschinken
2 EL Olivenöl
Salz, Pfeffer aus der Mühle
1 Bio-Zitrone
200 g Kirschtomaten
75 ml Marsala, 100 ml Sahne

Für das Risotto:
175 g Risottoreis
1 kleine Zwiebel
2 EL Olivenöl, 1 EL Butter
50 ml Weißwein
500 ml Kalbsfond
1 Döschen Safran (0,1 g)
30 g kalte Butter
50 g geriebener Parmesan
Salz, Pfeffer aus der Mühle

Außerdem:
Stabmixer
8 Zahnstocher

Für die Involtini die Kräuter waschen und trocken schütteln. 8 Salbeiblättchen beiseitelegen. Die restlichen Kräuter grob hacken. Das Brot entrinden und würfeln. Kräuter, Brot, Käse und Eigelb in einer Schüssel fein pürieren. Die Schnitzel flach klopfen und halbieren. Die Schinkenscheiben ebenfalls halbieren. Je ½ Scheibe Schinken und 2 TL Kräutermasse auf jedes Fleischstück geben und dieses fest aufrollen. Die Röllchen noch einmal halbieren und jeweils mit Zahnstochern fixieren. Dabei je 1 Salbeiblatt mit feststecken.
Olivenöl in einer Pfanne erhitzen und die Röllchen darin rundum braun anbraten. Salzen, pfeffern und im Backofen warm halten. Die Pfanne mit dem Bratfett beiseitestellen.
Für das Risotto den Reis waschen und in einem Sieb abtropfen lassen. Zwiebel schälen und würfeln. Olivenöl und Butter in einem Topf erhitzen. Zwiebelwürfel und Risottoreis darin glasig dünsten. Mit dem Weißwein ablöschen. Eine Kelle Kalbsfond zugießen und den Reis unter Rühren köcheln lassen, bis die Flüssigkeit aufgesogen ist. So fortfahren, bis der Fond aufgebraucht ist. Mit der letzten Kelle die Safranfäden zugeben. Der Reis ist gar, wenn er cremig, aber noch bissfest ist. Vom Herd nehmen und 10 Minuten ruhen lassen.
Inzwischen für die Involtini die Zitrone waschen und in Spalten schneiden. Die Tomaten waschen und trocken tupfen. Die Pfanne mit dem Bratfett erhitzen, Zitronenspalten und Tomaten darin 3 Minuten dünsten, dann herausnehmen. Marsala und Sahne angießen und etwas einkochen lassen. Sauce mit Salz und Pfeffer abschmecken. Die Involtini mit Zitrone und Tomaten anrichten und mit der Sauce beträufeln.
Die kalte Butter und den Parmesan in das Risotto rühren. Mit Salz und Pfeffer würzen und zu den Involtini reichen.

Tiramisu
Zieh mich hoch!

Für 2 Portionen

100 ml starker Espresso
4 EL Amaretto
125 ml Sahne
½ Päckchen Sahnesteif
100 g Magerquark
100 g Mascarpone
2 EL Zucker
1 Päckchen Vanillezucker
8–12 Löffelbiskuits
dunkles Kakaopulver zum Bestäuben
Puderzucker nach Belieben

Den Espresso zubereiten und mit 3 EL Amaretto verrühren.
Die Sahne mit dem Sahnesteif in eine Schüssel geben und mithilfe eines Handrührgeräts steif schlagen.
In einer zweiten Schüssel Quark und Mascarpone mit Zucker, Vanillezucker und 1 EL Amaretto glatt rühren. Dann die Sahne unterheben.
Die Hälfte der Espressomischung auf 2 Weckgläser oder große Dessertschalen verteilen. Die Löffelbiskuits passend brechen und den Boden der Gläser oder Schalen gleichmäßig mit der Hälfte der Biskuits auslegen. Darauf die Hälfte der Quarkmasse verteilen. Eine weitere Schicht Biskuits auflegen und mit dem restlichen Espresso beträufeln. Mit der verbliebenen Quarkmasse abschließen. Das Tiramisu mindestens 3 Stunden kalt stellen.
Etwa 10 Minuten vor dem Servieren aus dem Kühlschrank nehmen und dick mit Kakao bestäuben. Wer möchte, kann mithilfe einer Cappuccinoschablone noch ein Muster aus Puderzucker aufstäuben.

Tipp

»Zieh mich hoch« ist die Übersetzung des Namens, und der Name ist Programm – also ist diese süße Speise bei Stimmungstiefs in der Beziehung unbedingt zu empfehlen!

Französisches Versöhnmenü

»Savoir vivre« und »Leben wie Gott in Frankreich« – das klingt doch, als hätten unsere genießerischen Nachbarn die Rezepte parat, die sich wogenglättend bei Beziehungskrisen und besänftigend auf Streithähne auswirken. Das folgende Menü verspricht viele spannende Verbindungen von süßen, fruchtigen mit herzhaften, aromatischen und leicht bitteren Geschmacksnoten, die den Gaumen kitzeln und die Sinne betören.

Salat mit Feigen, Roquefort und Walnüssen

*

Entenbrust à l'Orange

*

Birnen in Rotwein

Salat mit Feigen, Roquefort und Walnüssen

Paradiesisches Zusammenspiel

Für 2 Portionen

1 cm frischer Ingwer
2 EL weißer Balsamico
1 EL Walnussöl
Salz, Pfeffer aus der Mühle
1 Handvoll Walnusskerne
80 g Roquefort
4 reife blaue Feigen
1–2 TL Butter
2 EL flüssiger Honig
150 g Babysalatmix

Den Ingwer schälen und reiben. In einer Schüssel Ingwer und Essig mischen. Das Walnussöl unter Rühren dazugeben. Das Dressing mit Salz und Pfeffer abschmecken.
Die Walnusskerne hacken. Den Roquefort würfeln oder zerbröseln. Die Feigen waschen, trocken reiben und vierteln. Butter in einer Pfanne erhitzen, die Feigenviertel darin von jeder Seite kurz anbraten und wieder aus der Pfanne nehmen. Den Honig in die Pfanne geben und karamellisieren lassen. Das vorbereitete Dressing zugießen und 2–3 Minuten köcheln lassen.
Die Salatblättchen verlesen, waschen und trocken schleudern. Den Salat auf 2 Teller verteilen und mit Nüssen und Käse bestreuen. Die gebratenen Feigen darauf anrichten und mit dem warmen Dressing beträufeln. Sofort servieren. Dazu passen frisches Baguette und ein kühler Weißwein.

Feigen

Feigen werden in der Bibel oft als Zeichen des Friedens erwähnt. Gute Voraussetzung für eine schnelle Versöhnung! Auch sind sich Forscher bis heute nicht einig, ob nicht einst eine Feige – und nicht ein Apfel – am Baum der Erkenntnis zur Versuchung wurde …

Entenbrust à l'Orange
Genuss, der beflügelt

Für 2 Portionen

1 Entenbrust (400 g)
Salz
1 Bio-Orange
150 ml frisch gepresster Orangensaft
1 TL Zucker
1 EL Orangengelee (Rezept S. 58, ersatzweise Orangenmarmelade)
1 TL Geflügelbrühepulver
1 TL dunkler Saucenbinder

Außerdem:
Zestenreißer

Am Vortag die Entenbrust waschen, mit Küchenpapier trocken tupfen, salzen und in eine Schale passender Größe legen. Die Orange heiß abwaschen und trocken reiben. Mit einem Zestenreißer rundum die orange Außenschale abziehen. Die Orange dann so schälen, dass die weiße Innenhaut komplett entfernt wird. Die Orangenfilets aus den Trennhäuten lösen. Zesten und Filets auf der Entenbrust verteilen und alles mit dem Orangensaft begießen. Die Entenbrust abdecken und im Kühlschrank über Nacht marinieren lassen.

Am nächsten Tag den Backofen auf 180 °C Ober-/Unterhitze (Umluft 160 °C) vorheizen. Die Entenbrust aus der Marinade nehmen und mit Küchenpapier trocken tupfen. Die Haut mit einem scharfen Messer gitterförmig einschneiden. Eine Eisenpfanne ohne Fett stark erhitzen und die Entenbrust darin auf der Hautseite kross anbraten. Dabei tritt genügend Fett für den Bratvorgang aus. Die Entenbrust wenden und auch von der anderen Seite anbraten. Dann in eine feuerfeste Form legen und im vorgeheizten Backofen 15 Minuten garen. Inzwischen die Marinade durch ein Sieb abgießen. Filets und Zesten beiseitestellen, den Saft in einem Topf erhitzen. Zucker, Orangengelee und Geflügelbrühe unterrühren und alles einige Minuten köcheln lassen.

Nach Ende der Garzeit die Entenbrust aus dem Ofen nehmen und kurz ruhen lassen. Den entstandenen Bratensaft zur Sauce geben. Den Saucenbinder einrühren, die Sauce köcheln und leicht andicken lassen. Zesten und Orangenfilets zugeben und in der Sauce erwärmen. Die Entenbrust in ca. 2 cm dicke Scheiben schneiden und auf 2 Tellern anrichten. Mit der Sauce begießen, die Orangenfilets daneben anrichten und alles sofort servieren. Dazu passen Zuckerschoten und Kartoffelpüree.

Birnen in Rotwein

Beschwipste Früchtchen

Für 6 Birnen

500 ml kräftiger Rotwein
200 ml frisch gepresster Orangensaft
Saft von ½ Zitrone
150 g Zucker
1 Zimtstange
1 Sternanis
6 saftige Birnen
1 TL Speisestärke

Den Rotwein mit Orangen- und Zitronensaft, Zucker, Zimt und Sternanis in einen Topf geben, in dem alle Birnen aufrecht nebeneinander Platz haben. Flüssigkeit zum Kochen bringen und zugedeckt 10 Minuten köcheln lassen.
Inzwischen die Birnen im Ganzen schälen, den Stiel nicht entfernen. Die Birnen in den Rotweinsud setzen und darin zugedeckt bei geringer Hitze ca. 20 Minuten garen, bis sie weich sind. Herausnehmen und warm stellen.
Die Speisestärke in etwas kaltem Wasser anrühren und in die Rotweinsauce geben. Die Sauce unter Rühren aufkochen und andicken lassen. Die Birnen auf eine Platte setzen, mit der Sauce übergießen und sofort servieren.

Tipp

Zugegeben, 6 Birnen sind etwas viel für 2 Personen. Aber eine kleinere Menge zuzubereiten, lohnt sich einfach nicht. Doch ihr könnt die restlichen Früchte einfrieren und zum Beispiel als Beilage zu Wildgerichten reichen.

Birnen

Die Birne symbolisiert Schutz, Zuneigung und Wohlgefühl. In China stehen Birnbäume für ein langes Leben. Im Mittelalter galten Birnen in unseren Breiten als Symbol für Kinderreichtum …

Fernöstliches Versöhnmenü

In Asien wird Kochen als Kunst verstanden, die mit der Natur im Einklang stehen soll. Vollkommene Harmonie bedeutet höchstes Glück, inneren und äußeren Frieden. Da liegt doch die Überlegung nahe, dass so ein fernöstliches Menü auch die Harmonie und den Frieden zwischen zwei Menschen ruckzuck wiederherstellen kann.

Glasnudelsalat mit Lachs und Sesam

*

Exotisches Hähnchencurry mit Mango und Erdnusssauce

*

Gebratene Banane mit Honig und Kokos

Glasnudelsalat mit Lachs und Sesam

Lange Nudeln, langes Leben

Für 2 Personen

100 g Glasnudeln
250 g Zuckerschoten
1 TK-Wildlachsfilet
2 Frühlingszwiebeln
20 g frischer Ingwer
250 ml Gemüsebrühe
3 EL Sesamöl
3 EL süß-saure Chilisauce
2 EL Weißweinessig
Salz
2 EL Sesam

Die Glasnudeln nach Packungsanweisung garen, in einem Sieb abschrecken und abtropfen lassen.
Die Zuckerschoten putzen, waschen und halbieren. Den Lachs auftauen lassen. Die Frühlingszwiebeln putzen, waschen und in schmale Ringe schneiden. Den Ingwer schälen und fein reiben.
Die Gemüsebrühe in einem Topf zum Kochen bringen und die Zuckerschoten darin in ca. 3 Minuten bissfest garen. Mit einem Schaumlöffel herausheben, in eiskaltem Wasser abschrecken und abkühlen lassen.
Den Lachs in der nur noch sanft köchelnden Gemüsebrühe ca. 5 Minuten gar ziehen lassen. Herausheben, abtropfen lassen und in kleine Stücke teilen.
Sesamöl, Chilisauce, Essig und Salz in einer großen Schüssel verrühren.
Zuckerschoten, Lachs, Frühlingszwiebeln, Ingwer und Nudeln zum Dressing geben und alles vorsichtig vermischen.
Sesam in einer Pfanne ohne Fett rösten und vor dem Servieren über den Salat streuen.

Nudeln

Aufgrund ihrer Länge symbolisiert die Nudel in China Langlebigkeit. Deshalb wird sie besonders gerne bei Geburtstagsfeiern oder auf Hochzeiten verzehrt. Durchschneiden oder brechen darf man eine Nudel natürlich nicht: Das bringt Unglück.

Exotisches Hähnchencurry mit Mango und Erdnusssauce

Ein Fest für die Sinne

Für 2 Personen

1 EL Sesamöl
1 TL Zucker
1 TL Currypulver
3 EL Sojasauce
2 EL Reisessig
200 g Hähnchenbrustfilet
Salz
1 Möhre
2 Frühlingszwiebeln
150 g Brokkoli
½ Mango
1 EL Öl
1 EL gehackte Petersilie
200 ml Kokosmilch
4 EL Erdnusscreme
50 g frische Mungobohnensprossen

Für die Sauce in einer Schüssel Sesamöl, Zucker, Currypulver, Sojasauce und Reisessig verrühren und beiseitestellen.
Das Hähnchenbrustfilet waschen, mit Küchenpapier trocken tupfen, in Streifen schneiden und salzen.
Die Möhre putzen, schälen und in feine Scheiben schneiden oder hobeln. Die Frühlingszwiebeln putzen, waschen, vom dunklen Grün befreien und in Röllchen schneiden. Brokkoli putzen, waschen und in feine Röschen teilen. Den Strunk schälen und würfeln. Die Mango schälen, das Fruchtfleisch vom Kern abschneiden und würfeln.
Öl in einem Wok oder einer Pfanne mit hohem Rand erhitzen und die Hähnchenstreifen darin goldbraun braten. Möhren, Frühlingszwiebeln und Brokkoli zugeben und 4 Minuten unter Rühren mitbraten. Mango und Petersilie hinzufügen und kurz miterhitzen.
Kokosmilch und die vorbereitete Sauce zugeben und unter Rühren erhitzen, nicht mehr kochen. Zum Schluss die Erdnusscreme einrühren und das Gericht mit den Gewürzen abschmecken.
Mungobohnensprossen waschen, in einem Sieb abtropfen lassen und das Curry vor dem Servieren damit bestreuen. Dazu passt Basmatireis.

Gebratene Banane mit Honig und Kokos

Eine süße Sünde

Für 2 Personen

2 feste Bananen
1 EL Öl
1 EL Kokosflocken
2 EL flüssiger Honig

Die Bananen schälen und schräg in dicke Scheiben schneiden. Öl in einer beschichteten Pfanne erhitzen und die Bananenscheiben darin von beiden Seiten goldbraun braten.
Die Scheiben blütenförmig auf Tellern anrichten und mit Kokosflocken bestreuen. Den Honig dekorativ darüberträufeln.

Tipp

Wer mag, serviert noch je 1 Kugel Vanilleeis dazu.

Always and forever
M
R
We do!
Forever begins now!

M
Love is in the air!
Love at first sight
R
S
Sweet romance

Rezeptregister

Bis
bald

Machs Gut

Dank

Viele Menschen haben am Entstehen und Gelingen dieses Buches mitgewirkt, bei denen wir uns an dieser Stelle von Herzen bedanken möchten:

Beim Kochen und Backen der Gerichte in diesem Buch war die Hilfe von Andrea Gottfreund und Thilo Grünwald von unschätzbarem Wert. Danke!

Die Paare Anna und Jan, Ina und Elmar, Sonja und Mario, Tanja und Jacinto haben uns freundlicherweise gestattet, Bilder von ihnen und ihren Hochzeitsfeiern zu verwenden. Ganz herzlichen Dank dafür!

Wir danken der Zeitschrift »Das Magazin« (www.dasmagazin.de), insbesondere deren Herausgeber Till Kaposty-Bliss und Andreas Lehmann, dafür, dass wir alte Ausgaben mit den wunderbaren Cover-Illustrationen von Werner Klemke für unsere Fotos verwenden durften. Vielen Dank auch dafür an seine Tochter und Nachlassverwalterin Christine Klemke.

Wir danken den Lektorinnen Juliane Rottach und Natascha Mössbauer für ihr Vertrauen in uns und unsere Arbeit. Und unserer Agentin Anette Riedel für alles, was sie für uns tut!

Unseren Familien danken wir grundsätzlich dafür, dass sie da sind, und für ihre freundliche Unterstützung beim Verspeisen der zubereiteten Gerichte nach dem Fotografieren …

Christiane Leesker und Vanessa Jansen

Im bunten Arbeitsfeld von Christiane Leesker entstehen z. B. Koch- und Lifestylebücher in Zusammenarbeit mit Vanessa Jansen, Buch- und Cover-Layouts, Kinderbuch-Reihenkonzepte oder Papeterie- und Geschenkartikel. Sie wohnt mit Mann, Kater und Atelierhund Peppa seit ihrem Grafikdesign-Studium in Münster.

Vanessa Jansen fotografiert am liebsten mit natürlichem Tageslicht. Und zwar vor allem Food und Lifestyle für Verlage, Menschen und Interior für Unternehmen, Hochzeiten und Familien für Privatkunden. Seit sie 2009 zur Ateliergemeinschaft stieß, hat sie zusammen mit Christiane Leesker mehr als 10 Koch- und Backbücher veröffentlicht.

Dieses Rezept koche/backe ich besonders gern:

Ich freue mich sehr, wenn du dieses Gericht für mich zubereitest:

Dieses Rezept koche/backe ich besonders gern:

Ich freue mich sehr, wenn du dieses Gericht für mich zubereitest:

Bibliografische Information der Deutschen Nationalbibliothek
Die Deutsche Nationalbibliothek verzeichnet diese Publikation in der Deutschen Nationalbibliografie. Detaillierte bibliografische Daten sind im Internet über http://d-nb.de abrufbar.

Für Fragen und Anregungen
info@rivaverlag.de

Originalausgabe
1. Auflage 2019

Nymphenburger Straße 86
D-80636 München
Tel.: 089 651285-0; Fax: 089 652096

Redaktion: Caroline Kazianka
Umschlaggestaltung: Isabella Dorsch
Umschlagabbildung: shutterstock.com/Rawpixel.com
Layout und Satz: Christiane Leesker
Fotografie: Vanessa Jansen
Druck: Firmengruppe APPL, aprinta Druck, Wemding
Printed in Germany

ISBN Print 978-3-7423-0957-0
ISBN E-Book (PDF) 978-3-7453-0586-9
ISBN E-Book (EPUB, Mobi) 978-3-7453-0587-6

Weitere Informationen zum Verlag finden Sie unter
www.rivaverlag.de
Beachten Sie auch unsere weiteren Verlage unter
www.m-vg.de